AF619656

COLLECTION

DE

M. GUSTAVE POSNO

CONDITIONS DE LA VENTE

Elle sera faite expressément au comptant.

Les acquéreurs paieront *cinq pour cent* en sus des adjudications, applicables aux frais de vente.

PARIS. — IMPRIMERIE ALCAN-LÉVY, 61, RUE LAFAYETTE.

Collection de M. Gustave POSNO

ANTIQUITÉS
ÉGYPTIENNES

Gréco-Romaines & Romaines

B.F.

DONT LA VENTE AUX ENCHÈRES PUBLIQUES AURA LIEU

HOTEL DROUOT, SALLE N° 3, AU 1er ÉTAGE

Le Mardi 22 mai 1883, et les quatre jours suivants

A DEUX HEURES PRÉCISES

Par le ministère de Me **TUAL**, commissaire-priseur,
rue de la Victoire, 39,

Assisté de MM. **ROLLIN** et **FEUARDENT**, experts,
rue de Louvois, 4.

Chez lesquels se distribue le Catalogue

EXPOSITIONS

Particulière, *le Lundi 21 mai, de 1 heure à 5 heures*

Publique, *les jours de vente, de midi à 2 heures*

Prix du Catalogue

Avec l'Album de six très-belles phototypies par Dujardin,
8 francs.

L'Album seul : 6 francs.

PARIS — 1883

La magnifique collection dont la vente vient d'être confiée à nos soins est si connue de tous ceux qui s'occupent d'archéologie égyptienne qu'elle peut se passer de commentaires. On se souvient, du reste, de l'effet produit par quelques objets exposés en 1878, qui attirèrent l'admiration générale.

C'est la première fois que l'on verra passer aux enchères publiques des statuettes de bronze d'aussi grandes dimensions et d'un aussi beau style. Le musée de Boulaq, seul, en possède un certain nombre, les musées les plus importants n'en peuvent exposer que quelques rares spécimens. Nous pensons donc que c'est une occasion unique pour les établissements publics ainsi que pour tous les amateurs du grand art égyptien d'enrichir leurs collections.

Les objets les plus importants de cette collection sont catalogués sous les numéros ci-après; ils seront vendus chaque jour de trois à quatre heures; pour les autres, nous suivrons autant que possible l'ordre du catalogue.

Nos 1 *à* 4. 52. 54. 57. 58 *à* 61. 71. 173. 190. 201. 230. 266. 342. 344. 345. 350. 432. 468. 482. 484. 495. 496. 524. 556. 561. 564. 565. 718. 720. 760 et 762.

R. et F.

Antiquités Égyptiennes

MONUMENTS HISTORIQUES

1. *Albâtre oriental.*

Vase de capacité, pouvant contenir 19 litres 1/2, équivalant au *quarante hin* indiqués sur le vase.

On lit, gravés en creux sur la panse du vase, les cartouches nom et prénom de Ramsès VI (XXe dynastie), ainsi que les titres du roi.

La capacité du vase y est indiquée en chiffres hiéroglyphiques ; c'est là surtout ce qui en fait un monument d'un très grand intérêt ; on n'en connaît pas de semblable dans les Musées d'Europe.

Haut^r, 0,57.

2. *Pierre calcaire.*

Stèle datée de l'an 51 du règne de Psammétichus Ier (1). Au-dessus des dix lignes horizontales du texte hiéroglyphique, on voit le roi Psammétichus Ier en adoration devant le dieu Hor-Mer et la déesse Athor de la ville de *Cheden.*

L'inscription qui vient immédiatement après cette scène fait mention d'une construction élevée par un certain Onnofer, en l'honneur du dieu Hor-Mer; l'orientation du monument y est indiquée d'après « *les quatre directions du ciel* » et aussi d'après les noms des voisins, qui occupent les points orientés.

L'inscription dit : « Celui qui oserait détruire cette » stèle, la déesse Bast de Bubastis le détruira de même, » et il sera sans postérité jusqu'à l'éternité. »

Hautr, 0,48.
Largr, 0,32.

3. *Stèle en pierre calcaire.*

Ce monument, extrêmement intéressant au point de vue géographique, fournit comme le précédent plusieurs noms nouveaux de villes de la Basse-Égypte, remontant à la XXVIe dynastie.

Le roi Amasis, avec ses cartouches nom et prénom, y est représenté en adoration devant la déesse Bast et le dieu Horus.

(1) L'importance de ce monument et de celui qui suit a été signalée, par le savant docteur Brugsch-Bey, dans la *Zeitschrift* de 1871, page 60, au double point de vue historique et géographique qu'ils présentent.

Le texte parle de la construction d'une chapelle élevée sous la 32e année du règne d'Amasis, sur l'emplacement de la ville de *Pes-rah*, et exécutée par un certain Aah-Erités, en l'honneur de la déesse Bast; les voisins y sont nommés, et un anathème est lancé à la tête de celui qui oserait détruire cette stèle; car, dit l'inscription, « la déesse Bast de Bubastis le détruira de même, et il » sera sans postérité jusqu'à l'éternité. »

Hautr, 0,40.
Largr, 0,25.

4. *Or.*

Vase à parfum sous la forme d'une jeune oie.

Un petit couvercle en or, retenu par une chaînette en or aussi, vient s'adapter à l'ouverture du vase, pratiquée sur le dos du jeune animal, et porte gravés au burin, à l'extérieur, les cartouches, nom et prénom de Ramsès III.

Les mêmes cartouches, ainsi que les titres: « Seigneur » des deux régions, Maître des diadèmes, » se trouvent également gravés sur la poitrine de l'animal.

Les yeux sont incrustés de cornalines.

Pièce très rare.

Longr, 0,08.
Poids, gr. 99 1/2.

5. *Pierre calcaire.*

Fragment d'une stèle portant les cartouches de Takelot Ier, et représentant le roi en adoration devant la déesse Bast de la ville de Bubastis, et le dieu Sopet, appelé aussi « *Maître de l'ouest* et divinité protectrice » du nôme arabique. »

Hautr, 0,21.

6. *Bois.*

Statuette funéraire portant les cartouches nom et prénom de Séti Ier, et un passage du rituel funéraire, se rapportant à la résurrection de l'âme.

Hautr, 0,19.

7. *Bois.*

Autre statuette funéraire, portant les mêmes cartouches et le même passage du rituel que la statuette précédente.

Hautr, 0,19.

8. *Terre émaillée*, bleue.

Petite brique émaillée en bleu, à laquelle on a donné la forme d'un cartouche ou cercle elliptique.

Des creux, représentant des signes hiéroglyphiques, ont été d'abord aménagés sur les deux faces de la brique, et remplis ensuite d'émail blanc.

Les cartouches sont au nom de Séti Ier, et l'inscription a trait à la construction d'un sanctuaire ou temple du dieu Phtah, à Memphis.

Pièce très intéressante et rare.

Longr, 0,8.

9. *Terre émaillée*, couleur violette.

Fragment de frise portant, représentés en émail blanc

et en relief, les cartouches nom et prénom de Ramsès III, surmontés d'un disque entre deux cornes.

Haut[r], 0,15.

10. *Marbre.*

Fragment portant les cartouches nom et prénom de Ramsès III.

Long[r], 0,09.

11. *Terre émaillée*, couleur jaune.

Petite brique représentant en relief le cartouche nom et la bannière royale de Pépi (VIe dynastie).

Le reste de l'inscription se rapporte à Héliopolis et aux divinités de cette localité.

Long[r], 0,07.

12. *Basalte.*

Cylindre portant, gravés en creux, le cartouche prénom du roi Pépi, ainsi que ses titres religieux et sa bannière royale.

L'exécution de la gravure sur cette matière extrêmement dure est d'une finesse remarquable.

Haut[r], 0,06.

13. *Ivoire.*

Petit vase portant le cartouche nom du roi Chéops, fondateur de la Grande Pyramide.

Le cartouche, gravé en creux avec une finesse remarquable, est accompagné des titres du roi.

Ce charmant petit vase a malheureusement été trouvé cassé, et il en manque près du tiers; néanmoins, le fragment qui en reste est extrêmement intéressant, soit au point de vue de la finesse de l'exécution, soit au point de vue de sa prodigieuse antiquité.

Hautr, 0,08.

14. *Grès.*

Socle portant, gravés en creux sur ses quatre côtés, les titres et les cartouches, nom et prénom deux fois répétés de Ramsès III, fondateur de la XXe dynastie.

Sur la partie supérieure du socle, un carré creux a été aménagé, avec l'intention évidente d'y adapter quelque monument.

Hautr, 0,06.
Largr, 0,09.

15. *Albâtre.*

Petit vase auquel on a donné la forme humaine; il se termine à la panse, et l'artiste égyptien y a gravé les cartouches et les titres royaux de Ramsès II (XIXe dynastie).

Hautr, 0,16.

16. *Terre émaillée*, couleur bleue.

Cylindre portant sur deux côtés opposés deux bandes verticales de caractères hiéroglyphiques en creux.

On y lit les cartouches nom et prénom du roi Amasis, précédés et suivis de titres, de vœux et de louanges en son honneur.

Hautr, 0,10.

17. *Terre émaillée,* couleur bleue.

Fragment de cylindre, avec les mêmes cartouches et les mêmes titres que celui du numéro précédent.

Hautr, 0,09.

18. *Terre émaillée*, verte et bleue.

Très joli petit vase en forme d'oryballe; le cartouche prénom du roi Amasis s'y trouve deux fois sur l'anse, et une fois entre une procession d'animaux sacrés, qui ornent la panse du Vase.

Les cartouches et les animaux sont représentés en émail bleu, et se détachent sur le fond du vase émaillé en vert.

Hautr, 0,04.

19. *Bronze*.

Fragment d'une bande en bronze sur laquelle on voit, représentés en creux, les titres et les cartouches nom et prénom du roi Amasis.

Longr, 0,06.

20. *Terre émaillée*, bleue.

Brique portant, gravées en creux sur chaque face, deux lignes horizontales de caractères hiéroglyphiques, qui donnent les titres et les cartouches, nom et prénom du roi Schechonk, et font aussi mention d'un monument dédié à Osiris, en faveur du petit-fils d'un roi.

Pièce intéressante et rare.

Longr, 0,17.
Largr, 0,08.

21. *Terre émaillée*, couleur verte.

Petit vase en forme de fleur de lotus, dédié à la déesse Isis.

On y voit, représentées en creux, les déesses Isis et Nephtys, coiffées de leurs attributs distinctifs, et s'avançant avec le sceptre des déesses d'une main, et le symbole de la vie éternelle de l'autre.

Entre chacune d'elles se trouve une bande verticale de caractères hiéroglyphiques qui donnent le nom de Psammétique.

Hautr, 0,08.

22. *Terre émaillée*, verte.

Cachet au nom de Ra-user-Ma.

Longr, 0,05.

23. *Terre émaillée*, blanche.

Scarabée portant le nom de Ramsès II (XIXe dynastie).

24. *Or.*

Bague au nom de Touthmès Ier (XVIIIe dynastie).

25. *Terre émaillée*, couleur grise.

Scarabée au nom du roi Senefrou (IIIe dynastie).

26. *Terre émaillée*, couleur grise.

Scarabée au nom du roi Menkera (IVe dynastie).

27. *Terre émaillée*, couleur jaune.

Quatre scarabées au nom du roi Pépi (VIe dynastie).

28. *Terre émaillée*, couleur jaune.

Scarabée au nom du roi Ra-nofer.

29. *Terre émaillée*, couleur verte

Scarabée au nom du roi Ra-men-nofer.

30. *Terre émaillée.*

Scarabée avec le cartouche du roi Meri-Ra (Pépi).

31. *Terre émaillée.*

Scarabée avec le cartouche de Sebekhotep (XIIIe dynastie).

32. *Terre émaillée*, couleur bleue.

Scarabée avec le cartouche de Nub-Kera (XIIIe dynastie).

33. *Terre émaillée*, couleur jaune.

Scarabée avec le cartouche de Nofer-Kera (VIe dynastie).

34. *Terre émaillée*, couleur blanche.

Scarabée avec le cartouche de Ka-nofer-hotep.

35. *Terre émaillée*, couleur grise.

Deux scarabées avec les cartouches nom et prénom d'Aménophis III (XVIIIe dynastie).

36. *Terre émaillée*, couleur grise.

Deux scarabées avec les titres et le cartouche de la reine Taya, femme d'Aménophis III.

36 (bis). *Calcaire.*

Gros scarabée, avec inscription se rapportant au mariage d'Aménophis III avec la reine Taya.

Long^{r}, 0,08.

37. *Terre émaillée*, couleur bleue.

Scarabée, avec le cartouche de Touthmès Ier (XVIIIe dynastie).

38. *Terre émaillée*, couleur grise.

Scarabée avec le cartouche de Touthmès II (XVIIIe dynastie).

39. *Terre émaillée.*

Trois scarabées avec les cartouches de Touthmès III (XVIIIe dynastie).

40. *Terre émaillée*, couleur grise.

Scarabée avec les titres et le cartouche de Touthmès IV (XVIIe dynastie).

41. *Terre émaillée*, couleur verte.

Scarabée avec le cartouche de Ramsès Ier (XIXe dynastie).

42. *Terre émaillée.*

Amulette, en forme de cartouche, avec le prénom de Séti Ier (XIXe dynastie).

43. *Pierre noire et terre émaillée.*

Deux scarabées avec les cartouches et prénoms de Ramsès II (XIXe dynastie).

44. *Terre émaillée*, couleur jaune.

Scarabée avec le cartouche de Ménéphtah Ier (XIXe dynastie).

45. *Terre émaillée*, couleur grise.

Scarabée avec le cartouche de Ramsès III (XXe dynastie).

46. *Terre émaillée*, couleur grise.

Scarabée avec les cartouches nom et prénom de Scheschonk Ier (XXIIe dynastie).

47. *Terre émaillée*, couleur grise.

Scarabée avec le cartouche d'Ankh, roi éthiopien de la XXVe dynastie.

48. *Bois doré, gravé et rempli d'émail.*

Avec le cartouche de Psammétique Ier (XXVIe dynastie).

Long^r^, 0,05.

49. *Cornaline.*

Fragment d'une bague en cornaline, avec le nom de Aten-em-Khou, roi hérétique de la XVIIIe dynastie.

50. *Terre émaillée.*

Scarabée avec le cartouche de la reine Taya, femme d'Aménophis III, et ses titres de « *principale épouse royale* ».

Elle est représentée assise sur un siège près de son cartouche, et tient le symbole de la vie éternelle d'une main, et la fleur de lotus de l'autre.

Long^r^, 0,0[illegible].

51. *Terre émaillée.*

Gros scarabée avec les titres et les cartouches de Ramsès II (XIXe dynastie).

Long^r^, 0,08.

52. *Bronze.*

Très beau bronze, représentant un sphinx à tête et à bras humains, couché sur un piédestal, orné à sa partie antérieure de la tête d'un lion fondue en haut-relief.

Les bras du sphinx sont tendus, et ses mains rapprochées devant lui, comme pour présenter quelque offrande qui a disparu.

Sa tête, extrêmement fine de modelé et d'expression, est remarquablement traitée et paraît être, comme l'indique l'uræus qui se dresse sur le front, un portrait royal.

Pièce très rare, d'une conservation parfaite et d'une bonne époque de l'art égyptien, qui rappelle assez la XXVIe dynastie.

(Voir l'album planche n° 1).

Long^r, 0,41.
Haut^r, 0,27.

53. *Bronze.*

Cette charmante statuette représente un roi inconnu, vêtu de la *schenti*, et coiffé de la couronne royale de la Haute-Egypte, ornée de l'uræus; il est agenouillé dans la posture de l'offrande, et présente sur ses mains deux petits vases en bronze.

On lit son nom, Suten-Send, renfermé dans un cartouche, gravé sur la partie postérieure de la ceinture qui retient sa *schenti*.

La statuette conserve encore des traces de la dorure dont elle devait être entièrement recouverte.

Haut^r, 0,19.

54. *Bronze.*

Statuette. Très beau bronze représentant un roi inconnu, agenouillé dans une des attitudes de l'offrande ou de la prière, avec l'uræus sur le front.

La ceinture qui retient sa *schenti* porte, gravé à sa

partie postérieure, un cartouche renfermant le nom du roi, qu'il est difficile de déchiffrer, par suite de l'oxydation.

Le socle, si joli de forme, sur lequel le roi se trouve agenouillé, est en bronze antique.

Haut^{r}, 0,23.

55. *Bronze.*

Statuette. Très joli bronze, représentant un roi inconnu, agenouillé dans une des attitudes de l'offrande ou de la prière ; sa tête est ornée du symbole de la royauté et son cou d'un collier.

La ceinture qui retient sa *schenti* porte, gravé à sa partie postérieure, un cartouche renfermant le nom du roi, qu'il est difficile de déchiffrer, par suite de l'oxydation.

Haut^{r}, 0,19.

56. *Bronze.*

Personnage debout, vêtu de la *schenti* et coiffé de la double couronne royale de la Haute et Basse-Égypte.

Il s'avance majestueusement, tenant un sceptre; l'uræus se dresse sur son front, et un large collier orne son cou.

Cette charmante statuette représente très probablement un roi.

Haut^{r}, 0,17.

57. *Basalte noir.*

Statuette. Personnage accroupi sur un piédestal, les bras croisés sur les genoux.

Il est vêtu de la longue robe collante, sur le devant de laquelle est gravée une inscription en six lignes horizontales; deux autres inscriptions sont gravées, l'une sur la plinthe contre laquelle il est adossé, et l'autre devant ses pieds.

Ces inscriptions, gravées avec une précision et une finesse remarquables, font connaître les titres et le nom du personnage: il s'appelait Pet-cheha-didi, et occupait, à la cour d'un Pharaon qui n'est pas nommé, les hautes fonctions de « *grand chef militaire de Sa Majesté et premier conducteur de ses troupes* »; il portait aussi les titres de « *sage et noble officier du collier* ».

Le reste des inscriptions se rapporte à des offrandes et à des noms de divinités.

L'exécution de cette statue, une des plus belles de la collection, est particulièrement soignée; la tête surtout est étonnante de vie et d'expression.

Haut^{r}, 0,50.

(Voir l'album planche 2.)

58. *Terre émaillée.*

Petit bas-relief représentant un prisonnier nègre, vu de profil et regardant à droite; la partie inférieure du bas-relief est brisée, et on ne voit plus que la tête et le buste du prisonnier.

Il est attaché au cou par une corde ou tige, qui se termine à ses deux extrémités par des fleurs de lotus et de papyrus, emblèmes de la Haute et Basse-Égypte.

Sa tête, parfaitement caractérisée, est incrustée d'émail noir; il porte une perruque émaillée en jaune et surmontée d'une plume qui distingue sa race; son oreille est ornée d'un gros anneau.

Sa robe est incrustée de morceaux d'émaux de différentes nuances, qui indiquent le fond et le dessin de l'étoffe.

Ce fragment est extrêmement intéressant, car il démontre de quelle façon les anciens Egyptiens fabriquaient leurs terres émaillées et tout le parti qu'ils savaient en tirer pour la décoration de leurs monuments.

Hautr, 0,15.
Longr, 0,09.

59. *Terre émaillée.*

Autre fragment de bas-relief, identiquement semblable au précédent.

Hautr, 0,11.
Largr, 0,08.

60. *Terre émaillée.*

Fragment de bas-relief, représentant une tête de prisonnier asiatique, vu de profil et regardant à droite.

Sa figure est peinte en jaune, et il a la barbe et les cheveux noirs, longs et frisés, exactement comme les portaient les Assyriens.

Sa coiffure se compose d'une sorte de calotte à plis horizontaux, remplis d'émail de différentes nuances. Elle est attachée au front par un ruban rouge noué derrière la tête, avec les extrémités flottantes.

Hautr, 0,08.
Largr, 0,10.

61. *Terre émaillée.*

Fragment de bas-relief, représentant un prisonnier libyen, agenouillé et regardant à gauche.

Sa tête est peinte en rouge foncé, et son vêtement se compose d'une chemise et d'un pantalon collant, retenu par une très large ceinture qui lui arrive jusqu'aux aisselles.

Les dessins du vêtement sont rendus au moyen de petites plaquettes d'émaux de différentes nuances enchâssées dans la pâte émaillée du bas-relief.

Le prisonnier porte une amulette au cou.

Haut^{r}, 0,10.
Larg^{r}, 0,09.

Antiquités Égyptiennes

MONUMENTS CIVILS

62. *Ivoire.*

Très jolie statuette, représentant une femme nue couchée ; elle tenait dans ses bras étendus devant elle un petit vase de toilette qui est brisé.

Motif très gracieux.

Longr, 0,12.

63. *Pâte de verre*, de différentes couleurs.

Très jolie petite fiole de toilette, ayant dû contenir du *kohl* ou noir d'antimoine pour les yeux.

Le pinceau en ivoire existe encore ; son manche est décoré d'un cynocéphale accroupi.

Hautr, 0,16.

64. *Bois.*

Boite de toilette en forme d'oie; l'ouverture et le couvercle se trouvent sur le ventre.

Long^r, 0,16.

65. *Terre cuite.*

Petit vase de toilette auquel on a donné la forme du dieu Bes, assis, les mains posées sur les cuisses.

Haut^r, 0,09.

66. *Terre émaillée*, bleue.

Colonnette symbolique avec son chapiteau, imitant la tige et la fleur de lotus épanouie.

Haut^r, 0,12.

67. *Terre émaillée*, verte.

Très joli petit vase en forme d'*eulogie;* le goulot représente la fleur de lotus épanouie, décorée de deux petits singes accroupis, se tenant le museau.

Les côtés et la partie supérieure de la panse du vase sont ornés de dessins imitant les feuilles, les boutons et les fleurs de lotus, et formant un collier qui part de la naissance du goulot et descend jusqu'au quart de la panse du vase.

Sur le côté droit du vase, on lit « *un souhait de bonne année* ».

Hautr, 0,17.
Diamètre, 0,14.

68. *Bois*.

Peigne assez grossièrement fabriqué.

Longr, 0,08.
Largr, 0,07.

69. *Terre émaillée*, bleue.

Charmant petit vase, en forme de poisson.

Hautr, 0,06.
Longr, 0,10

70. *Bronze*.

Coupe avec une inscription démotique gravée en creux sur le rebord extérieur.

Diamètre, 0,16.

71. *Bronze*.

Statuette. Très beau bronze, représentant un personnage agenouillé, levant le bras gauche en l'air et ramenant le bras droit contre son sein.

La coiffure et les yeux devaient être incrustés d'émail ou d'une autre matière plus précieuse.

Bonne exécution et conservation parfaite.

Hautr, 0,[illegible].

72. *Bronze.*

Personnage agenouillé, occupé à piler.

Hautr, 0,06.

73. *Bronze.*

Enfant accroupi, les mains sur les genoux.

Hautr, 0,03.

74. *Bronze.*

Lion couché devant un anneau.

Longr, 0,06

75. *Bronze.*

Petite grenouille.

Longr, 0,03.

76. *Calcaire.*

Lion couché.
Modèle de sculpteur.

Longr, 0,35.

77. *Bronze.*

Partie antérieure d'un lion.
Pièce d'ornement.

Longr, 0,07.

78. *Bronze.*

Petit vase à libation.

Hautr, 0,07.

79. *Bronze.*

Tête humaine coiffée de la couronne d'Osiris.

Hautr, 0,06.

80. *Bronze.*

Enfant agenouillé, les bras levés, dans une des attitudes de la prière.

Hautr, 0,04.

81-82. *Marbre.*

Deux visages humains, sculptés de profil.

Hautr, 0,10.

De 83 à 112.

Trente petits vases de différentes formes, en diorite, basalte, albâtre, terre cuite et terre émaillée.

Ce lot sera divisé.

Antiquités Égyptiennes

MONUMENTS RELIGIEUX

113. *Bronze.*

Ammon.

Le dieu principal de Thèbes est représenté marchant sur une antilope, étendue sur le flanc ; il est vêtu de la *schenti* ou tunique courte, attachée à la taille par une ceinture, et porte comme coiffure ses attributs distinctifs, composés de la couronne de la Basse-Égypte, surmontée de deux longues plumes droites.

Pièce rare.

Haut^{r}, 0,24.

114. *Bronze.*

Ammon-Générateur (statuette).

Son corps est enveloppé comme celui d'une momie ; il tient, de la main gauche, son phallus, symbole de la fécondité, et de la main droite, élevée à la hauteur de sa tête, le fouet sacré qu'il semble agiter, et qui symbolise l'excitation.

Sa coiffure se compose de la couronne de la Basse-Égypte, surmontée du disque solaire et de deux plumes droites.

Hautr, 0,17.

115. *Bronze.*

Ammon-Générateur (statuette).

Le dieu est représenté debout sur un petit socle, orné d'un obélisque et de deux têtes de lions ; il tient son phallus de la main gauche, et lève le bras droit en l'air.

Un épervier, qui l'enlace par derrière, semble se confondre avec lui, au point que, vers la tête qui manque, les deux corps paraissent n'en faire qu'un.

Les ailes et les plumes de l'oiseau sont indiquées au moyen de filets d'or, incrustés dans le bronze.

L'inscription incrustée d'or qui se trouve sous le socle est une prière adressée au dieu Ammon par un certain Osorchon.

Hautr, 0,08.

116. *Bronze.*

Autre statuette d'Ammon-Générateur.

Hautr, 0,06.

117. *Bronze.*

Statuette. Ammon portant sa coiffure ordinaire, et tenant une lance en main.

Hautr, 0,07.

118. *Bronze.*

Autre statuette d'Ammon-Générateur.

Hautr, 0,04.

119. *Bronze.*

Statuette. Osiris debout, coiffé de la mitre conique, ornée de l'uræus; son corps est enveloppé comme celui d'une momie; il a les bras croisés sur la poitrine, et tient en main le crochet et le fouet sacrés.

Les yeux du dieu, l'uræus et le fouet étaient incrustés de pierres précieuses ou de pâtes émaillées.

Hautr, 0,36.

120. *Bronze.*

Très belle statuette d'Osiris, dans la même attitude que la précédente; la coiffure seule diffère, en ce qu'elle est augmentée des deux plumes qui symbolisent la justice et la vérité.

Le dieu est représenté ici dans son rôle de juge infernal.

Le piédestal antique sur lequel repose la statuette

porte une inscription hiéroglyphique, gravée à la pointe, qui donne le nom et les titres de ce dieu.

Hautr, 0,30.

121. *Bronze.*

Autre belle statuette d'Osiris, ornée des mêmes attributs et dans la même position que la précédente.

Hautr, 0,30.

122. *Bronze.*

Autre statuette d'Osiris, debout.

Hautr, 0,26.

123. *Bronze.*

Autre statuette d'Osiris, debout.
Nom et titres du dieu gravés sur le socle.

Hautr, 0,24.

124. *Bronze.*

Autre statuette d'Osiris, debout.

Hautr, 0,25.

125. *Bronze.*

Autre statuette d'Osiris, debout.

Hautr, 0,17.

126. *Bronze.*

Autre statuette d'Osiris, debout, coiffé de la mitre conique simple.

Hautr, 0,18.

127. *Bronze.*

Statuette. Osiris, debout, coiffé de la mitre conique, ornée de deux plumes d'autruche et de deux longues cornes, auxquelles se rattachent six uræus.

Hautr, 0,14.

128. *Bronze.*

Statuette. Osiris, debout; il porte sur son dos le symbole de la stabilité.

Hautr, 0,14.

129. *Bronze.*

Autre statuette d'Osiris, debout, avec le même symbole sur le dos.

Hautr, 0,10.

130. *Bronze.*

Autre statuette d'Osiris, debout.

Hautr, 0,16.

131. *Bronze.*

Osiris, debout.

Le dieu est enveloppé comme une momie, et porte sur la tête la couronne de la Haute-Egypte, ornée du symbole de la royauté; ses deux mains, ramenées devant son sein, tiennent un sceptre.

Ce bronze n'a de remarquable que sa dimension; l'exécution dénote une époque de décadence.

Hautr, 0,51.

132. *Basalte.*

Statuette représentant le dieu Osiris, debout, adossé contre une plinthe; il porte ses attributs distinctifs, et tient le fouet et le crochet sacrés.

Hautr, 0,33

133-134. *Bronze.*

Deux autres statuettes d'Osiris, debout, portant la même coiffure et tenant les mêmes attributs que les statuettes précédentes.

Le no 134 possède un socle en bronze antique.

Hautr, 0,20.

135. *Bronze.*

Osiris, assis sur un siège. Le dieu est coiffé de la mitre conique, ornée des deux plumes d'autruche et de l'uræus; il a, de même que les statuettes qui le représentent debout, les bras croisés sur la poitrine, et il tient le fouet et le crochet, symboles du gouvernement.

Les statuettes d'Osiris dans cette posture sont assez rares.

Haut^{r}. 0,14.

136. *Bronze.*

Autre statuette d'Osiris, dans la même posture que la précédente.

Haut^{r}, 0,12.

137. *Bronze.*

Statuette d'applique, vue de profil.

Osiris, orné des mêmes attributs et dans la même position que les précédents.

Le siège sur lequel le dieu repose est orné de dessins gravés à la pointe.

Pièce rare.

Haut^{r}, 0,15

138. *Bronze.*

Triade d'Osiris, coiffés de la mitre conique, ornée des deux plumes; ils tiennent dans leurs mains croisées sur leurs poitrines les symboles du gouvernement.

Haut[r], 0,03.

139. *Bronze.*

Athor (statuette).

La déesse est assise et tient sur ses genoux le dieu Horus, enfant, auquel elle présente le sein.

Sa coiffure se compose de petites tresses, qui retombent sur ses épaules et sur le sein, en présentant un agencement des plus gracieux; au-dessus, le vautour, symbole de la maternité, encadre la tête de la déesse, et tient dans ses serres l'emblème des espaces infinis.

L'oiseau sacré est surmonté d'une sorte de tourelle formée d'uræus, et au-dessus de laquelle s'élève le disque, entre les cornes de vache, attributs distinctifs de la déesse.

Les yeux de la déesse étaient incrustés d'or et d'émail, dont il reste encore des traces.

Très beau bronze, d'une exécution parfaite.

Haut[r], 0,37.

140. *Bronze.*

Autre statuette d'Athor, dans la même attitude que la précédente.

Haut[r], 0,27.

141. *Bronze.*

Autre statuette d'Athor, à peu près semblable aux précédentes.

On lit sur le socle antique le nom et les titres de la déesse.

Hautr, 0,23.

142. *Bronze.*

Autre statuette d'Athor, identiquement semblable à la précédente.

Hautr, 0,17.

143-144-145. *Bronze*

Trois autres statuettes d'Athor, dans la même attitude et portant les mêmes attributs que celles des numéros précédents.

Le siège de la statuette nº 143, très curieux de forme, est couvert de dessins gravés très finement.

Hautr, 0,21.
Id., 0,17.
Id., 0,14.

146. *Bronze.*

Athor (figure d'applique).

La déesse est représentée de profil, étendant les bras en signe de protection.

Elle porte sur sa tête le disque entre les cornes.

Sa chevelure, ses vêtements et ses ornements étaient émaillés, et il en reste encore des traces.

Pièce rare.

Haut^r^, 0,39.

147. *Bronze.*

Statuette. La déesse Athor, debout, vêtue de la robe collante, et tenant les bras pendants et collés au corps.

Sa tête est ornée du vautour, tenant dans ses serres les symboles des espaces infinis, et supportant les attributs distinctifs de la déesse.

Haut^r^, 0,06.

148. *Bronze.*

Bas-relief représentant la déesse Athor accroupie; elle porte sur la tête le disque entre les cornes, et tient entre les mains la colonnette symbolique, imitant la fleur de lotus avec sa tige.

Derrière le bas-relief se trouve un cercle elliptique en creux, vide d'inscription.

Pièce rare.

Haut^r^, 0,19.
Larg^r^, 0,10.

149. *Bronze.*

Athor.

La déesse est assise, et tient le sceptre divin; elle est coiffée du sistre.

Haut^r^, 0,13.

150. *Bronze.*

Très belle tête de femme, coiffée d'un vautour supportant les attributs de la déesse Athor.

Les yeux et les sourcils devaient être incrustés d'émail ou de quelque autre matière plus précieuse.

Haut^r. [illegible]

151. *Bronze.*

Coiffure de divinité, surmontée des attributs de la déesse Athor.

A en juger par sa dimension et la finesse de son exécution, ce beau morceau de bronze devait appartenir à quelque magnifique statue.

Haut^r, [illegible]

152. *Bronze.*

Très belle égide, à tête d'Athor, ornée à ses extrémités de deux têtes d'épervier.

La tête de la déesse, d'une exécution admirablement soignée, est coiffée d'un disque, posé entre des cornes de vache.

Ce monument devait servir de bout d'enseigne dans les processions.

[illegible]
[illegible]

153. *Bronze.*

Egide à tête de vache, avec un disque entre les cornes.

Hautr, 0,07.
Longr, 0,11.

154-155. *Bronze.*

Deux égides à tête d'Athor, surmontées du disque entre les cornes, et ornées de deux têtes d'épervier.

Hautr, 0,06.
Id. , 0,08.

156. *Calcaire*, peint en noir.

Très jolie statuette représentant la déesse Athor, assise sur un siège, et tenant sur les genoux son fils Horus, auquel elle présente le sein.

Elle est vêtue de la robe collante, et porte sur la tête ses attributs distinctifs.

Hautr, 0,16.

157. *Basalte.*

Déesse Athor, assise sur un siège, la tête coiffée d'un vautour.

Hautr, 0,16.

158-159. *Grès. — Albâtre.*

Deux autres statuettes représentant la déesse Athor, dans la même attitude et portant les mêmes attributs que les statuettes précédentes.

Le n° 158 porte le nom et les titres de la déesse, gravés sur le socle.

Grès, haut^r, 0,11.
Albâtre, id., 0,13.

160. *Bronze.*

Neb-hotep (statuette).

La déesse est vêtue de la longue robe collante, et s'avance majestueusement, en tenant un sceptre de la main gauche.

Sa tête est ornée du vautour, tenant dans ses serres le symbole des espaces infinis, et, sur l'oiseau sacré, s'élève une tour, formée d'uræus, sur laquelle repose le sistre sacré, symbole de mystère et attribut distinctif de la déesse.

Très joli bronze.

Haut^r, 0,17.

161. *Bronze.*

Autre très jolie statuette de la déesse Neb-hotep, à peu près semblable à la précédente.

On lit sur le socle antique le nom et les titres de la déesse.

Haut^r, 0,16.

162. *Bronze.*

Statuette. Horus enfant, debout, portant à sa bouche l'index de la main droite ; sa tête, ceinte de la double couronne de la Haute et Basse-Egypte, laisse voir, au-dessus de l'oreille droite, la tresse de cheveux, symbole de rajeunissement.

Son cou est orné d'un collier, et ses yeux sont incrustés d'argent.

Très beau bronze.

Haut[r], 0,26.

163. *Bronze.*

Statuette. Horus enfant, debout, coiffé d'une calotte, qui dessine la forme de sa tête.

Il porte une amulette suspendue à son cou.

Exécution moins soignée que celle de la statuette qui précède.

Haut[r], 0,23.

164. *Bronze.*

Autre statuette d'Horus enfant, debout.

Haut[r], 0,13.

165. *Bronze.*

Charmante petite statuette d'Horus enfant, d'une exécution très fine.

Hautr, 0,16.

166. *Bronze.*

Autre statuette très fine, représentant Horus enfant, dans la même attitude, et portant les mêmes attributs que les statuettes précédentes.

Le socle porte une inscription qui donne le nom et les titres du jeune dieu.

Hautr, 0,16.

167. *Bronze.*

Autre jolie petite statuette, représentant Horus enfant, debout, portant les mêmes attributs que les précédentes.

Hautr, 0,12.

168-169. *Bronze.*

Deux autres statuettes d'Horus enfant, debout, à peu près semblables aux précédentes.

Hautr, 0,16.
Id. 0,16.

170. *Bronze.*

Chons, debout, coiffé de ses attributs et portant l'index de la main droite à la bouche.

Haut[r], 0,11.

171. *Bronze.*

Horus enfant, debout, coiffé de la double couronne royale, et portant l'index de la main droite à sa bouche.

Haut[r], 0,08.

172. *Bronze.*

Autre Horus enfant, dans la même attitude que les précédentes.

Haut[r], 0,07.

173. *Bronze.*

Statuette. Horus, enfant nu, assis, les mains sur les genoux.

Sa tête est ornée d'un casque en or, qui a été rapporté, et l'uræus se dresse sur son front.

Le socle antique sur lequel reposent les pieds du jeune dieu porte un épervier étendant les ailes, et une inscription gravée à la pointe et incrustée d'or.

Cette inscription donne le nom et les titres du jeune dieu.

Pièce rare.

Haut^r, 0,20.

174. *Bronze.*

Statuette. Chons enfant, assis, portant sur la tête la couronne de la Basse-Egypte, surmontée du disque, orné des deux plumes droites de la coiffure d'Ammon.

Haut^r, 0,23.

175. *Bronze.*

Statuette. Chons enfant, assis, portant sur la tête ses attributs distinctifs.

Haut^r, 0,19.

176-177-178. *Bronze.*

Trois autres statuettes de Chons, à peu près dans la même attitude que les précédentes ; les attributs seuls diffèrent.

Les socles portent les noms et les titres de ce dieu.

Haut^r, 0,18.
Id., 0,17.
Id., 0,15.

179-180-181. *Bronze.*

Trois autres statuettes d'Horus enfant, à peu près semblables aux précédentes.

Haut^r, 0,14.
Id., 0,08.
Id., 0,05.

182. *Bronze.*

Statuette. Chons enfant, debout, enveloppé comme une momie, et portant sur la tête le disque au milieu d'un croissant.

Pièce intéressante et rare

Hautr, 0,10.

183. *Bronze.*

Statuette représentant Horus enfant, accroupi et sortant de la fleur de lotus.

Il porte le disque orné de l'uræus et le symbole de rajeunissement.

Hautr, 0,11.

184. *Bronze.*

Horus enfant, accroupi, sortant de la fleur de lotus; il porte sur la tête la coiffure composée de deux cornes, du milieu desquelles s'élancent trois bouquets de plumes d'autruche.

Hautr, 0,07.

185. *Bronze.*

Statuette. Phtah, debout, enveloppé comme une momie, et tenant dans les mains, qui paraissent, le sceptre à tête de coucoupha.

Sa tête, rasée, paraît être couverte d'une sorte de calotte dont les rubans viennent se nouer sous le menton.

Le socle, sur le devant duquel se trouve une petite base à six degrés, est couvert, sur les quatre faces, de signes hiéroglyphiques qui donnent le nom et les titres du dieu, plusieurs fois répétés.

Très beau bronze d'une exécution soignée.

Haut^r, 0,19.

186. *Bronze.*

Très jolie statuette de Phtah, dans la même attitude que la précédente ; son cou est orné d'un large collier, et ses poignets de bracelets.

La tête, très fine d'exécution, est pleine d'expression ; sur le socle on lit une inscription semblable à celle de la statuette précédente.

Haut^r, 0,16.

187-188. *Bronze.*

Deux autres jolies statuettes du dieu Phtah, à peu près semblables aux précédentes.

Haut^r, 0,12.
Id. , 0,10

189. *Bronze.*

Statuette. Phtah assis, tenant son sceptre.

Haut^r, 0,08.

190. *Bronze.*

Horus debout.

Ce magnifique bronze est un des bien rares monuments, pour ne pas dire le seul, que l'on connaisse de cette dimension ; il a près d'un mètre de hauteur, et est fondu d'un seul jet, des pieds à la tête ; les bras seuls sont rapportés.

La tête est remarquablement fine, et les yeux paraissent avoir été incrustés d'émail ou d'une autre matière plus précieuse qui a disparu.

Le dieu s'avance le pied gauche en avant, et les bras tendus et rapprochés ; ses mains devaient tenir un petit vase à libation, qui a disparu aussi, parce qu'il était probablement en or ou en argent.

L'exécution est extrêmement soignée, et rappelle beaucoup le beau style de la XVIIIe dynastie.

Haut[r], 0,96.

(Voir l'album planche n° 3).

191. *Bronze.*

Statuette. Très beau bronze représentant le dieu Horus agenouillé, levant le bras gauche en l'air, et ramenant le bras droit contre son sein.

La coiffure et les yeux devaient être incrustés d'émail ou d'une autre matière plus précieuse.

Bonne exécution et conservation parfaite.

Haut[r], 0,26.

192. *Bronze.*

Statuette. Horus, debout, vêtu de la *schenti* et coiffé de la double couronne royale de la Haute et Basse-Egypte.

Le dieu, à corps humain et à tête d'épervier, s'avance le bras droit levé, dans l'attitude d'un combattant.

Très beau bronze, d'une conservation parfaite.

Haut[r], 0,17.

193. *Bronze.*

Statuette. Horus, debout, le bras droit pendant, et tenant un sceptre de la main gauche; sa coiffure se compose du disque entre les cornes.

Haut[r], 0,22.

194. *Bronze.*

Petit Horus, debout, coiffé de la double couronne royale de la Haute et Basse-Egypte.

Haut[r], 0,05.

195. *Bronze.*

Horus, debout, portant sur sa tête d'épervier la double couronne royale de la Haute et Basse-Egypte; il tient de sa main gauche un vase à libation, et semble en répandre le contenu.

Haut[r], 0,08.

196. *Bronze.*

Statuette. Horus, debout, dans l'attitude de la marche, ses bras pendants et portant sur la tête le disque orné de l'uræus.

Hautr, 0,10.

197. *Bronze.*

Horus, debout, dans la même attitude que le précédent, et tenant un sceptre de la main gauche.

Hautr, 0,09.

198. *Bronze.*

Bas-relief représentant le dieu Horus, accroupi, tenant un œil symbolique entre les mains.

Derrière le bas-relief, un cartouche ou cercle elliptique gravé en creux et vide d'inscription.

Hautr, 0,18.
Largr, 0,10.

199. *Bronze.*

Pièce d'applique

Deux Horus, à corps humain et à tête d'épervier, sont accroupis et tiennent dans leurs mains la plume d'autruche, symbole de la justice ; sur la tête sont posés des disques et entre eux des uræus qui se dressent.

Les uræus et les coiffures des Horus étaient incrustés d'émail ou d'une autre matière plus précieuse qui a disparu.

Pièce rare.

Hautr, 0,19.
Largr, 0,21.

200. *Épervier.*

Très beau bronze représentant l'oiseau symbolique du dieu Horus.

Dimension rare et exécution parfaite.

Hautr, 0,25.

201. *Bronze.*

Autre magnifique épervier, portant sur la tête la double couronne royale de la Haute et Basse-Egypte, ornée de l'uræus.

Les yeux de l'oiseau sacré sont incrustés d'or, et les ailes et les pattes sont admirablement exécutées.

Pièce rare.

Hautr, 0,30.

202. *Bronze.*

Autre très bel épervier, portant sur la tête le disque entre les cornes.

Hautr, 0,18.

203. *Bronze.*

Autre bel épervier, portant sur la tête la double couronne royale de la Haute et Basse-Egypte.

Hautr, 0,20.

204. *Bronze.*

Epervier sur une fleur de lotus; l'oiseau sacré porte encore ici la double couronne royale sur la tête.

Cette pièce s'adaptait à une hampe, et servait d'enseigne dans les processions; c'est ainsi qu'on la voit représentée sur les monuments.

Hautr, 0,20.

205. *Bronze.*

Epervier sur un socle en bronze sous forme de boîte, servant à contenir la momie de cet animal.

L'oiseau sacré porte sur la tête la double couronne royale de la Haute et Basse-Egypte.

Belle pièce, en parfait état de conservation.

Hautr, 0,15.
Longr, 0,20

206. *Bronze.*

Epervier, portant sur la tête le disque orné de l'uræus.

Hautr, 0,07.

207-208. *Bronze.*

Deux autres petits éperviers, servant d'amulettes.

Haut[r], o,o3.
Id. , o,o3.

209. *Bronze.*

Fragment de naos, orné d'uræus, et surmonté de l'oiseau symbolique du dieu Horus.

Haut[r], o,10.

210. *Bronze.*

Statuette. Dieu Bes ailé, debout, les bras pendants et collés aux côtés; il porte sur la tête le disque, entre des cornes ornées d'uræus.

Pièce rare.

Haut[r], o,o9.

211. *Bronze.*

Statuette. Dieu Bes, debout, sur une fleur de lotus épanouie, les mains sur les cuisses, et portant sur la tête sa coiffure ordinaire, composée d'un bouquet de plumes d'autruche.

Haut[r], o,1[illegible].

212. *Bronze.*

Autre statuette du dieu Bes, debout, le bras droit levé et la main armée d'une sorte de massue ; sa tête est coiffée de la mitre conique de la Haute-Egypte.

Le dieu monstrueux est représenté ici dans son rôle guerrier, et les statuettes qui le représentent ainsi sont assez rares.

Haut^r, 0,06.

213. *Bronze.*

Dieu Panthée, coiffé du disque entre des cornes ornées d'uræus ; derrière le dieu, un épervier étend ses ailes et paraît se confondre avec lui.

Pièce intéressante et rare.

Haut^r, 0,08.

214. *Bronze.*

Très belle statuette, représentant le dieu Thot, debout, vêtu de la *schenti*, et coiffé du disque entre les cornes, surmonté d'une tête d'ibis, ornée des attributs d'Osiris.

Le dieu s'avance le pied gauche en avant, tenant d'une main un œil symbolique et de l'autre le symbole de la pureté.

Haut^r, 0,19.

215. *Bronze.*

Thot, assis (statuette).

Le dieu est vêtu de la ***schenti*** ou tunique courte et porte sur sa tête, qui est celle d'un ibis, le disque entre les deux cornes.

Ses mains sont posées sur ses genoux. L'inscription gravée sur le socle donne le nom et les titres du dieu.

Haut[r], 0,13

216. *Bronze.*

Thot, debout, s'avançant, les bras tendus en avant dans l'attitude de l'offrande.

Haut[r], 0,04.

217. *Bronze.*

Thot, debout.

Le dieu, à corps humain et à tête d'ibis, tient un vase à libation, et en répand le contenu.

Haut[r], 0,08.

218. *Bronze.*

Tête d'ibis, oiseau symbolique du dieu Thot.

Haut[r], 0,19.
Long[r], 0,20.

219. *Bronze.*

Ibis, oiseau sacré de Thot, d'une exécution soignée et d'une parfaite conservation.

Haut^r, 0,09.
Long., 0,15.

220-221-222. *Albâtre et Bronze.*

Trois autres ibis, à corps d'albâtre et à becs et pattes de bronze.

Haut^r, 0,14.
Long^r, 0,21.
Id. , 0,16.
Id. , 0,10.

222 bis. *Bronze.*

Statuette représentant un cynocéphale debout.

Haut^r, 0,05.

223. *Bronze.*

Autre ibis d'une aussi bonne exécution que le précédent.

Haut^r, 0,07.
Long^r, 0.08.

224. *Bronze.*

Poisson sacré (Oxyhrinchus), portant au sommet de la tête le disque orné de l'uræus.

Long^r. 0,13.

224 bis. *Cornaline.*

Nœud symbolique.

225. *Bronze.*

Nofer-Toum (statuette).

Dieu solaire, debout, portant sur la tête la fleur de lotus épanouie, de laquelle s'élancent deux longues tiges droites.

Hautr, 0,08.

226. *Bronze.*

Déesse Ma, accroupie, portant sur la tête le symbole de la Justice, son attribut distinctif.

Hautr, 0,06.

227. *Bronze.*

Personnage debout, vêtu de la *schenti*, et portant sur la tête un plateau rond, sur lequel on distingue cinq petits disques en relief, représentant probablement des pains sacrés destinés à l'offrande.

Hautr, 0,08.

228. *Bronze.*

Très belle statuette, représentant le dieu Anhour, debout vêtu de la *schenti*, et s'avançant le pied gauche en avant et les bras pendants.

Il est coiffé d'une perruque, surmontée d'un bouquet de quatre plumes droites ; sa tête est extrêmement fine d'expression.

Haut^r, 0,17.

229. *Bronze.*

Statuette. Beau bronze, représentant le dieu Month, debout, vêtu d'une jupe courte et levant le bras droit en l'air.

Haut^r, 0,14.

230. *Bronze.*

Statuette. Pacht, assise, les mains posées sur les genoux.

La déesse, à corps humain et à tête de lionne, porte comme coiffure une tour formée d'uræus ; le siège sur lequel elle repose conserve encore des traces de dessins dont il était orné, mais on ne distingue bien que l'épervier à tête humaine, gravé sur sa partie postérieure.

La tête de la déesse est très fine d'exécution.

Dimension rare.

Haut^r, 0,50.

231. *Bronze.*

Très jolie statuette, représentant la déesse Pacht, assise sur un siège, la main gauche sur les genoux et vêtue de la robe courte collante.

Sa tête de lionne est admirablement modelée.

Hautr, 0.15.

232. *Bronze.*

Pacht assise, les mains sur les genoux.

Sa tête, extrêmement fine, est coiffée du disque et de l'uræus; le cou de la déesse est orné d'un large collier.

On lit ses titres et son nom sur la petite base qui supporte ses pieds.

Hautr, 0.13.

233. *Bronze.*

Pacht, debout (statuette).

Déesse à corps humain et à tête de lionne, vêtue de la robe collante, et tenant ses bras collés aux côtés.

Sa tête est ornée du disque et de l'uræus, et le socle est garni d'une inscription qui fait connaître ses titres et son nom.

Hautr, 0.21.

240. *Bronze.*

Statuette. Déesse Beset, sous la forme d'une femme à tête de chat.

Elle est vêtue de la robe collante et tient dans sa main gauche l'égide à tête de chat, surmontée d'un disque ; sa main droite a dû tenir un objet, probablement un sistre, qui a disparu.

Hautr, 0,12.

241. *Bronze.*

Autre statuette de la déesse Beset, à peu près dans la même attitude que la précédente.

Hautr, 0,09.

242. *Bronze.*

Autre statuette de la déesse Beset, tenant une égide à tête de chat, surmontée de l'uræus.

Son cou est orné d'un collier gravé à la pointe, et son oreille gauche d'une petite boucle d'oreille en or.

Hautr, 0,18.

243. *Bronze.*

Statuette. Déesse Beset, debout, tenant une égide, un sistre et un petit vase d'eau lustrale passé au bras gauche.

Hautr, 0,08.

244. *Bronze.*

Statuette. Déesse Beset, debout, les bras collés aux côtés.

Elle porte, comme attribut, sur la tête, l'uræus qui se dresse.

Hautr, 0,11.

245. *Bronze.*

Ravissante statuette de chatte, assise sur les pattes de derrière.

L'animal symbolique de la déesse Beset a les oreilles percées et porte des boucles d'oreilles en or; son dos et son cou sont ornés d'un vautour, étendant les ailes, et d'un œil symbolique, gravés en creux.

La pose gracieuse et le modelé, parfaitement étudiés, sont étonnants de vérité.

Hautr, 0,17.

246. *Bronze.*

Très jolie statuette de chatte, accroupie sur les pattes de derrière.

Hautr, 0,17.

247-248-249-250-251-252. *Bronze.*

Six autres jolies statuettes de chattes accroupies, les oreilles percées et portant des amulettes au cou.

Haut^{r}, 0,12
Id. , 0,09.
Id. , 0,06.
Id. , 0,05.
Id. , 0,05.
Id. , 0,04.

253-254. *Bronze.*

Deux petites chattes servant d'amulettes.

Haut^{r}, 0,04.
Id. , 0,02.

255-256. *Bronze.*

Deux têtes de chattes, admirablement modelées.

Haut^{r}, 0,08.
Id. , 0,09.

257. *Bronze.*

Très belle tête de chatte, admirablement modelée, qui devait servir de couvercle à quelque vase sacré.

Haut^{r}, 0,13.

258. *Bronze.*

Très belle tête de bélier, qui devait servir d'ex-voto.

Long^{r}, 0,13.

259. *Bronze.*

Thouëris (statuette).

Déesse, à corps humain ailé, à tête de lionne et à pattes de quadrupède; sur sa tête est posé le disque entre les cornes.

Elle s'avance, les bras pendants et collés aux côtés.

Pièce très intéressante et rare.

Hautr, 0,10.

260. *Bronze.*

Statuette. Imouthep, assis, vêtu de la *schenti*, et tenant sur les genoux un papyrus déroulé, sur lequel est écrit le nom du jeune dieu.

Sa tête, d'un modelé très fin, est recouverte d'une sorte de calotte, et son cou est orné d'un collier.

Le siège sur lequel il repose est couvert, sur les quatre faces, de représentations de divinités, en relief.

Hautr, 0,13.

261. *Bronze.*

Statuette d'Imouthep, dans la même attitude que la précédente.

Sur le socle, on lit aussi le nom du jeune dieu, ainsi que ses titres.

Hautr, 0,12.

262-263. *Bronze.*

Deux autres statuettes du dieu Imouthep, à peu près semblables aux précédentes.

Haut^r, 0,14.
Id. , 0,08.

264. *Bronze.*

Statuette. Imouthep, agenouillé, dans la posture de l'adoration.

Haut^r, 0,03.

265. *Bronze.*

Charmante statuette d'Imouthep, assis, tenant sur les genoux le papyrus déroulé, sur lequel est écrit son nom en caractères d'or, incrustés dans le bronze.

Ses yeux, ainsi que le collier qu'il porte au cou, sont aussi incrustés d'or.

Haut^r, 0,11.

266. *Bronze.*

Cette magnifique statuette représente la divinité à corps humain et à tête de bélier, connue sous le nom de Chnouphis.

Le dieu du souffle vital est coiffé de la double couronne royale de la Haute et Basse-Egypte, et s'avance le pied gauche en avant; sa main droite, qui devait être munie du fouet sacré, est levée à la hauteur de sa tête; sa main gauche, tendue en avant, devait tenir un sceptre qui n'existe plus.

La *schenti*, ou tunique courte qu'il porte attachée autour des reins, est incrustée de filets d'argent, imitant le dessin du tissu dont elle est formée.

Exécution soignée et conservation parfaite.

Haut^{r}, 0,67.

(Voir l'album planche 4.)

267. *Bronze.*

Chnouphis, debout (statuette).

Dieu à corps humain et à tête de bélier, portant une coiffure, composée de la mitre conique, flanquée de deux plumes d'autruche et de deux cornes, ornées d'uræus.

Il s'avance, tenant un sceptre.

Haut^{r}, 0,18.

268. *Bronze.*

Statuette. Chnouphis, vêtu de la *schenti*, et assis, les mains sur les genoux; ses attributs n'existent plus.

Haut^{r}, 0,12.

269. *Bronze.*

Statuette. Déesse Neït, vêtue d'une robe collante; elle s'avance majestueusement, le bras droit pendant et serré contre le corps, la main gauche tenant un sceptre.

Elle porte sur la tête la couronne de la Basse-Egypte, et à son cou un collier à triple rangée d'ornements.

Ses yeux sont incrustés d'argent, et sur le socle on lit le nom et les titres de la déesse.

Pièce d'une très-bonne exécution et d'une parfaite conservation.

Hautr, 0,30.

270. *Bronze.*

Autre statuette de la déesse Neït, identiquement semblable à la précédente, soit comme attitude, soit comme exécution.

La même inscription qui donne le nom et les titres de la déesse se trouve également ici sur le socle.

Hautr, 0,27.

271. *Bronze.*

Autre très belle statuette de la déesse Neït; la tête est charmante d'expression; ses yeux et le collier qui orne son cou sont incrustés d'or.

Son nom et ses titres sont gravés sur le socle.

Hautr, 0,26.

272. *Bronze*

Autre statuette de Neït, semblable aux précédentes comme attitude, mais d'une exécution moins bonne, au point de vue de l'art.

Hautr, 0,19.

273. *Bronze.*

Statuette. Neït, debout, dans une autre attitude que les précédentes; elle a les bras pendants et serrés contre le corps.

Haut^{r}, 0,1[illegible].

274. *Bronze.*

Neït, assise (statuette).

La déesse porte la couronne de la Basse-Egypte; elle a les mains sur les genoux.

Ses yeux et le collier qui orne son cou sont incrustés d'or.

Haut^{r}, 0,12.

275. *Bronze.*

Statuette représentant le dieu à corps humain et à tête de chacal, connu sous le nom d'Anubis; il a le bras droit levé et semble prêt à combattre.

Haut^{r}, 0,08.

276. *Bronze.*

Autre très petite statuette d'Anubis, avec un petit anneau derrière la tête, pour être portée en amulette.

Haut^{r}. 0,0[illegible].

277. *Bronze.*

Série de divinités, debout; parmi elles on distingue: Hacht, Horus, Osiris, Athor et Horus enfant, portant tous, sur la tête, leurs attributs distinctifs.

Pièce intéressante et rare.

Hautr, 0,04.

278. *Bronze.*

Statuette. Personnage assis, enveloppé comme une momie, et ne laissant voir que ses deux mains qui tiennent le fouet et le crochet, symboles du gouvernement.

Le disque, orné de deux plumes et de deux cornes, est posé sur sa tête, et l'uræus, symbole de la royauté, se dresse sur son front.

Ce personnage paraît être un roi déifié.

Haut[r], 0,14.

279. *Bronze.*

Statuette. Autre personnage assis, portant sur sa tête le disque entre les cornes, et tenant les mêmes symboles que celui qui précède.

Son front est orné du symbole de la royauté.

Haut[r], 0,13.

280. *Bronze.*

Autre jolie statuette d'un personnage qui paraît être un roi aussi, mais qui n'est point enveloppé dans son manteau, comme les statuettes précédentes.

Sa tête est ornée du disque entre les cornes, et de l'uræus.

Hautr, 0,13.

281. *Bronze.*

Statuette. Personnage agenouillé, dans l'attitude de l'offrande.

Il tient dans ses mains deux petits vases qu'il présente à quelque divinité.

Sa tête est coiffée de la couronne de la Haute-Egypte; l'uræus se dresse sur son front, et son cou est orné d'un large collier.

C'est certainement encore un roi déifié que l'artiste égyptien a voulu représenter dans cette charmante statuette.

Hautr, 0, 13.

282-283. *Bronze.*

Deux autres petites statuettes, représentant un personnage dans la même attitude que celui du numéro précédent; les coiffures seules diffèrent.

Hautr, 0,05.
Hautr, 0,04.

284. *Bronze.*

Bœuf Apis.

L'animal sacré s'avance portant entre ses cornes le disque, orné de l'uræus; son dos est couvert de dessins, très finement exécutés à la pointe, et représentant une housse, richement ornementée, entre deux vautours étendant les ailes, en signe de protection.

On lit sur le côté gauche du socle le nom de « *Hapi le bienfaisant* ».

Les yeux ainsi que le triangle qu'il porte au front sont en or incrusté.

Haut^r, 0,14.
Long^r, 0,12.

285-286-287. *Bronze.*

Trois autres bœufs Apis, à peu près semblables au précédent.

Haut^r, 0,09.
Long^r, 0,10.
Haut^r, 0,08.
Long^r, 0,07.
Haut^r, 0.08.
Long^r, 0,07.

288. *Bronze.*

Ex-voto.

Tête de bœuf Apis.

Haut^r, 0,05.
Long^r, 0,07.

289. *Bronze.*

Égide à tête de vache.

Haut^{r}, 0,08.
Long^{r}, 0,10.

290. *Bronze.*

Statuette représentant un singe, debout sur un chapiteau qui imite la fleur de lotus épanouie; l'animal a les bras tendus en avant, dans la posture de l'offrande.

Pièce intéressante et rare.

Haut^{r}, 0,27.

291. *Bronze.*

Petite boîte sur le couvercle de laquelle rampe un serpent, enroulé sur lui-même; l'intérieur de la boîte devait contenir le reptile momifié.

Haut^{r}, 0,03.
Long^{r}, 0,08.

292. *Bronze.*

Deux sortes d'égides, surmontées de deux têtes de béliers, et réunies par une lame, sur laquelle on aperçoit des traces d'une inscription illisible. Une des deux têtes porte encore le disque orné de l'uræus.

Cet ornement devait faire partie de quelque meuble sacré.

Long^{r}, [illegible].

293. *Bronze.*

Très belle tête de divinité, surmontée d'une tour.

L'expression de cette tête est remarquable par le charme dont elle est empreinte.

Les yeux et les sourcils devaient être incrustés d'émail ou de quelque matière précieuse.

Hautr, 0,15.

294. *Bronze.*

Bout d'enseigne représentant un très beau sphinx, debout, la tête ornée de l'uræus.

Deux longs uræus, la tête dressée, rampent à droite et à gauche du piédestal, sur lequel il s'avance.

Bronze rare.

Hautr, 0,26.

295. *Bronze.*

Seau d'eau lustrale.

Ce charmant petit vase, en forme de fleur de lotus épanouie, porte, gravée en relief dans le creux, tout autour de sa panse, une procession de divinités, parmi lesquelles on distingue : Ammon-Générateur, Horus, Schou, Phtah, Athor, Nephtys et Pacht, marchant l'une à la suite de l'autre, en tenant des sceptres à tête de lévrier, à l'exception toutefois des trois prêtres qui se présentent devant Ammon, l'un dans la posture de l'adoration, et les deux autres paraissant agiter des sistres, qu'ils tiennent entre les mains.

Au-dessous de cette scène, extrêmement intéressante, on en voit une autre composée d'animaux domestiques marchant, et, à la naissance du goulot, on distingue, toujours en relief, gravées dans le creux, les ondulations de l'eau.

Les creux, aménagés avec intention entre les figures, devaient être enchâssés d'émaux.

Pièce rare.

Haut^{r}, 0,14.

296. *Bronze.*

Autre seau d'eau lustrale, à peu près semblable au précédent, mais d'une moins bonne époque et d'une exécution moins soignée.

Haut^{r}. 0,16.

297-298-299. *Bronze.*

Trois autres jolis seaux d'eau lustrale, à peu près semblables aux précédents.

Haut^{r}. 0,14.
Id. , 0,15.
Id. , 0,08.

300. *Bronze.*

Fleur de lotus, décorée d'émaux cloisonnés de différentes nuances.

Hautr, 0,05.

301. *Bronze* (très beau).

Représentant un sphinx debout, la tête coiffée du disque, posé entre deux cornes, et surmonté des deux plumes d'autruche, symbole de la justice et de la vérité.

La tête surtout est extrêmement fine.

Pièce rare.

Hautr, 0,26.
Longr, 0,16.

302. *Bronze.*

Sorte de loup, représentant l'animal symbolique du dieu *Set* ou *Typhon*.

Il est assis sur les pattes de derrière; sa tête est admirablement modelée.

Pièce très rare.

Longr, 0,20.

303. *Bronze.*

Ichneumon, debout.

Hautr, 0,15.

304-305. *Bronze.*

Deux lames droites, en bronze.
Pièces rares.

Longr, 0,54.
Id. , 0,60.

306. *Basalte.*

Deux plumes d'autruche. Attributs d'Osiris avec inscription au nom de ce dieu.

Hautr, 0,10.

307. *Bronze.*

Sistre avec manche, décoré de deux têtes de la déesse Athor, de deux uræus et d'une petite chatte.

Hautr, 0,22.

308. *Bronze.*

Personnage agenouillé, portant sur la tête un plateau rond, sur lequel on distingue différentes formes en relief, représentant des mets destinés à l'offrande.

Hautr, 0,05.

309. *Bronze*

Uræus, symbole de la royauté, portant un disque sur la tête.

Hautr, 0,21.

310. *Bronze.*

Autre uræus, sans disque.

Hautr, 0,12.

311. *Bronze.*

Très joli uræus, à tête humaine.

Hautr, 0,13.

312-313-314. *Bronze.*

Trois autres uræus; l'un porte sur la tête la mitre conique, flanquée de deux plumes d'autruche, et les deux autres conservent encore les traces d'émail et d'argent dont ils étaient incrustés.

Hautr, 0,11.
Id. , 0,10.
Id. , 0,04.

315. *Bronze.*

Ichneumon portant gravés sur le dos le disque ailé et un vautour étendant ses ailes.

Longr, 0,12.

316-317-318. *Bronze.*

Trois autres ichneumons, sans symboles.

Long^r, 0,11.
Id. 0,10.
Id. 0,10.

319-320. *Bronze.*

Quatre ichneumons, marchant accolés deux par deux.

Long^r, 0,07.
Id. 0,10.

321. *Bronze.*

Chacal, animal sacré du dieu Anubis, gardien des tombeaux, accroupi sur un socle.

Long^r, 0,15.

322. *Bronze.*

Bout d'enseigne, représentant un chacal, accroupi sur une colonnette, avec chapiteau imitant la fleur de lotus épanouie; un serpent uræus se dresse à côté de l'animal sacré.

Haut^r, 0,10.

323. *Bronze.*

Taureau accroupi.

Haut^r, 0,05.

324. *Bronze.*

Sphinx, accroupi, portant sur la tête la double couronne royale de la Haute et Basse-Égypte.

Haut^{r}, 0,07.

325. *Bronze.*

Petite table d'offrandes, sur laquelle on distingue des pains sacrés, une tête de bélier, la cuisse de cet animal, et des vases à libations; au milieu, un personnage accroupi entre deux cynocéphales, et devant lui une grenouille.

Pièce intéressante et rare.

Long^{r}, 0,06.
Larg^{r}, 0,04.

326. *Bronze.*

Petite table d'offrandes, sur laquelle on distingue cinq pains et deux vases à libation ; derrière la table, on voit encore quelques traces de caractères hiéroglyphiques presque entièrement effacés.

Long^{r}, 0,07.
Larg^{r}, 0,07.

327. *Bronze.*

Personnage agenouillé, dans l'attitude de la prière.

Haut^{r}, 0,04.

328. *Bronze.*

Personnage agenouillé, présentant un naos ou chapelle funéraire.

Hautr, 0,05.

329. *Bronze.*

Dieu embryon, avec un petit anneau derrière la tête, pour être porté en amulette.

Hautr, 0,04.

330. *Bronze.*

Egide, surmontée de deux têtes, l'une humaine, portant les attributs d'Ammon, et l'autre de lionne, ornée d'un disque.

Hautr, 0,09.

331. *Bronze.*

Bout de sceptre ou d'enseigne, divisé en deux parties représentant deux uræus, coiffés, l'un de la couronne de la Haute-Egypte, l'autre de celle de la Basse-Egypte.

Les uræus étaient émaillés.

Pièce intéressante et rare.

Hautr, 0,25.

332. *Bronze.*

Bout d'enseigne, à tête d'Athor.

Hautr, 0,12.

333. *Bronze.*

Cylindre creux, à tête de bélier d'un côté et à palmette de l'autre.

Longr, 0,17.

334. *Bronze.*

Crocodile rampant.

Longr, 0,26.

335. *Bronze.*

Dieu Bes, debout sur deux lions.

Hautr, 0,09.

336. *Bronze.*

Seize beaux morceaux de bronze, faisant partie d'une inscription dédicatoire, placée probablement à l'entrée d'un temple ou d'un sanctuaire.

Les signes hiéroglyphiques, fondus en creux, étaient remplis de plaquettes de pierres dures, de diverses nuances, ainsi qu'on le voit encore par les fragments qui en restent.

Long^r, 2,00.
Larg^r, 0,13.

BIJOUX

337. *Or.*

Bague en or, représentant un disque dans une barque sacrée.

338. *Or.*

Bague en or, avec un scarabée au milieu.

339. *Cornaline.*

Bague en cornaline, représentant, gravée à la pointe, la déesse Athor, assise, tenant le sceptre à fleur de lotus et le symbole de la vie éternelle.

340. *Cornaline.*

Bague en cornaline, avec un double cartouche illisible.

341. *Basalte*, noir.

Amulette

Deux doigts symboliques.

342. *Argent.*

Groupe représentant une déesse debout, vêtue de la robe collante et donnant le sein à un prince enfant, qui se tient debout près d'elle, et sur les épaules duquel elle passe le bras.

Hautr, 0,04.

343. *Argent.*

Uræus dressé.

Hautr, 0,04.

344. *Terre émaillée*, verte.

Très belle statuette, représentant le dieu Phtah, assis, enveloppé comme une momie et ne laissant voir que ses deux mains, qui tiennent, appuyé contre sa poitrine, le symbole de la stabilité.

Sa tête rasée paraît être recouverte d'une calotte peinte en noir ; son cou est orné d'un large collier, peint en noir aussi.

Aux pieds du dieu et sur le piédestal où se trouve son siège, on lit, tracés en noir, les signes de *santé*, *vie éternelle* et *stabilité*.

La plinthe contre laquelle est adossé le siège porte encore les traces d'une inscription presque entièrement effacée.

Cette magnifique terre émaillée doit être classée parmi les plus beaux monuments de la collection.

Haut^{r}, 0,29.

345. *Bois peint.*

Magnifique poisson oxyrhynchus, portant sur la tête le disque orné de l'uræus, posé entre deux cornes.

Deux scènes extrêmement intéressantes sont représentées sur ses flancs peints en bleu ; d'un côté, on voit, peint en rouge, la scène complète du pèsement de l'âme, et, de l'autre, une procession de prêtres portant des emblèmes sacrés et des statuettes de divinités.

Ces scènes, reproduites avec une finesse admirable, sont accompaguées d'inscriptions tirées du rituel funéraire.

Le socle antique, où le poisson sacré repose sur ses nageoires, porte une inscription qui indique qu'il appartenait au temple d'Horus.

Pièce très rare.

Long^{r}, 0,47.
Haut^{r}, 0,25.

346. *Terre émaillée.*

Statuette. Très belle terre émaillée, représentant le dieu Bes, debout, les mamelles pendantes et les mains sur les cuisses ; son ventre proéminent est entièrement nu, et la peau tachetée qu'il porte ne couvre que ses épaules et son dos.

Les yeux, le nez, la barbe et les cheveux sont peints

en noir; au-dessus de la tête, un large goulot donne accès dans l'intérieur de la statuette, qui devait servir de vase sacré.

Ce monument se recommande surtout par sa dimension assez rare et par son parfait état de conservation.

Haut^{r}, 0,29.

347. *Terre émaillée.*

Bas-relief, représentant deux oiseaux fantastiques à bras humains, accroupis sur deux corbeilles, et étendant les ailes; devant chacun d'eux est une étoile.

Cette scène symbolise le phénix renaissant de ses cendres.

Le dessin à échiquier des corbeilles est obtenu au moyen de petites plaquettes d'émaux de différentes couleurs, enchâssées dans la pâte émaillée du bas-relief.

Haut^{r}, 0,11.
Long^{r}, 0,23

348-349. *Terre émaillée.*

Deux autres bas-reliefs, représentant le même sujet que le numéro précédent.

Haut^{r}, 0,11.
Id. 0,09.
Larg^{r}, 0,11.
Id. 0,10.

350. *Terre émaillée*, jaune.

Bas-relief, représentant un uræus ailé, devant une corbeille, contenant les symboles de la pureté et de la vie éternelle.

Hautr, 0,10.
Longr, 0,24.

351. *Terre émaillée*, verte.

Statuette. Isis, assise sur un siège, tenant son fils Horus sur les genoux et lui présentant le sein ; la déesse est coiffée de ses attributs distinctifs.

Hautr, 0,11.

352. *Terre émaillée*, verte.

Autre statuette d'Isis, dans la même attitude et portant les mêmes attributs que la précédente.

Hautr, 0,08.

353. *Terre émaillée*, bleue.

Très jolie statuette d'Horus, à corps humain et à tête d'épervier, coiffée du disque orné de l'uræus.

Hautr, 0,08.

354. *Terre émaillée*, verte.

Autre jolie statuette d'Horus, debout, coiffé de deux cornes, surmontées de trois mitres coniques.

Haut^{r}, 0,0[illegible].

355. *Terre émaillée*, bleue.

Horus enfant, accroupi.

Haut^{r}, 0,04.

356. *Terre émaillée*, verte.

Petit bas-relief, représentant une triade, composée du dieu Horus enfant et des deux déesses Isis et Nephtys.

Haut^{r}, 0,05.
Larg^{r} 0,04.

357. *Terre émaillée*, verte.

Statuette représentant le dieu Nefer-Toum, debout, sur un lion couché.

Haut^{r}, 0,08.

358. *Terre émaillée*, verte.

Autre statuette du dieu Nefer-Toum, debout, le pied gauche en avant, et les bras pendants et collés aux côtés.

Haut^{r}, 0,08.

359. *Terre émaillée*, verte.

Statuette représentant le dieu Anhour, debout, le pied gauche en avant et les bras pendants ; sa tête est ornée d'une fleur de lotus, de laquelle s'élancent deux plumes droites.

Haut^{r}, 0,12.

360. *Terre émaillée*, bleue.

Statuette représentant le dieu Schou, un genou en terre, et élevant les bras en l'air ; le disque solaire est posé sur sa tête.

Haut^{r}, 0,05.

361. *Terre émaillée*, verte.

Statuette représentant la déesse Pacht, à corps humain et à tête de lionne ; elle est vêtue de la robe collante et coiffée du disque, orné de l'uræus.

Une inscription gravée sur la plinthe, contre laquelle la statue est adossée, qualifie la déesse de « *grande chérie de Phtah, qui donne la vie éternelle* ».

Haut^{r}, 0,11.

362. *Terre émaillée.*

Autre statuette, représentant la déesse Pacht, dans la

même attitude et portant les mêmes attributs que le numéro précédent.

La même inscription décore la plinthe à laquelle la statuette est adossée.

Hautr, 0,08.

363. *Terre émaillée*, bleue.

Beset, assise

Statuette. La déesse est revêtue de la robe collante et tient un sceptre.

Hautr, 0,08.

364. *Terre émaillée*, bleue.

Autre statuette de la déesse Beset, à peu près semblable à la précédente.

Hautr, 0,06.

365-366. *Terre émaillée*.

Deux autres statuettes, représentant la déesse Beset, dans la même attitude que les précédentes.

Hautr, 0,05.
Id. , 0,05.

367. *Terre émaillée.*

Petit bas-relief, représentant la déesse Beset, debout, tenant le sceptre à fleur de lotus d'une main, et la croix ansée de l'autre.

Hautr, 0,08.

367 (bis). *Terre émaillée*, verte.

Statuette représentant la déesse Nephtys, debout.

Hautr, 0,06.

368. *Terre émaillée.*

Petit cylindre surmonté d'une égide à tête humaine, coiffé de la double couronne royale de la Haute et Basse-Égypte.

Hautr, 0,05.

369. *Terre émaillée*, bleue.

Statuette représentant la déesse Thouëris, debout.

Cette déesse monstrueuse, à tête et corps d'hippopotame, et à pattes et griffes de lionne, s'appuie sur un symbole, formé d'une sorte de nœud.

Hautr, 0,10.

370-371-372-373. *Terres émaillées*, de différentes couleurs.

Quatre autres très jolies statuettes, représentant la déesse Thouëris, debout.

Hautr, 0,08.
Id. , 0, 09.
Id. , 0,05.
Id. , 0.07.

374. *Terre émaillée*, grise.

Statuette. Déesse Thouëris, à corps humain et à tête et pattes de lionne, coiffée de la couronne d'Osiris.

Hautr, 0,09.

375. *Terre émaillée*, verte.

Groupe représentant Horus enfant, marchant sur deux crocodiles et tenant deux serpents ; à ses côtés, les déesses Isis et Nephtys, et derrière lui, la déesse Athor qui étend les ailes en signe de protection.

Hautr, 0,09.

376-377-378. *Terres émaillées*, de différentes couleurs.

Trois autres groupes, semblables au précédent.

Hautr, 0,07.
Id. , 0,04.
Id. , 0,09.

379. *Terre émaillée*, verte.

Figurine de Phtah embryon.

Haut^{r}, 0,05.

380-381. *Terre émaillée.*

Deux autres figurines de Phtah embryon, de nuances différentes.

Haut^{r}, 0,06.
Id. , 0,04.

382. *Terre émaillée*, verte.

Dieu Bes, accroupi sur une fleur de lotus, devant un petit singe, dans la même posture que lui.

Haut^{r}, 0,11.
Larg^{r}, 0,09.

383. *Terre émaillée*, verte.

Dieu Bes, debout, les mains posées sur les cuisses, la tête coiffée d'un bouquet de plumes d'autruche.

Haut^{r}, 0,07.

384. *Terre émaillée*, verte.

Petit bas-relief représentant le dieu Bes, debout.

Haut^r, 0,07.

385. *Terre émaillée*, verte.

Trois figurines du dieu Bes, dont deux accolées.

Haut^r, 0,06.
Id. , 0,06.

386. *Terre émaillée*, verte.

Disque représentant la tête du dieu Bes d'un côté, et un œil symbolique de l'autre.

Diamètre, 0,09.

387. *Terre émaillée*, verte.

Deux personnages accolés, coiffés de mitres coniques.

Haut^r, 0,04.

388. *Terre émaillée*, verte.

Sphinx, assis sur les pattes de derrière, et ayant entre les pattes de devant une petite chatte accroupie.

Haut^r, 0,12.

389. *Terre émaillée*, verte.

Lion, couché, admirablement modelé.

Long^r, 0,10.
Haut^r, 0,07.

390. *Terre émaillée*, bleue.

Hippopotame, marchant. Son dos est orné de deux bandelettes peintes en noir, dont les extrémités lui retombent sur les pattes.

Long^r, 0,13.
Haut^r, 0,07.

391. *Terre émaillée*, blanche.

Bœuf Apis, marchant à gauche, avec le disque entre les cornes, et le dos orné d'une housse entre deux disques.

Exécution soignée.

Long^r, 0,11.
Haut^r, 0,10.

392-393. *Terre émaillée*, verte.

Deux cynocéphales accroupis.

Haut^r, 0,11.
Id. , 0,08.

394. *Terre émaillée*, verte.

Singe, debout sur une fleur de lotus, dévorant un fruit.

Pièce intéressante et rare.

Haut^{r}, 0,16.

395. *Terre émaillée*, verte.

Singe accroupi, touchant du luth ; un autre petit singe se tient entre ses jambes.

Pièce très rare.

Haut^{r}, 0,13.

396. *Terre émaillée*, verte.

Singe accroupi sur une fleur de lotus, et tenant sur les genoux un objet informe.

Haut^{r}, 0,09.

397. *Terre émaillée*, bleue.

Tête de cynocéphale.

Haut^{r}, 0,08.

398. *Terre émaillée*, verte.

Cynocéphale accroupi.

Haut^{r}, 0,05.

399. *Terre émaillée,* verte.

Singe, accroupi, tenant un vase.

Haut^{r}, 0,05.

400. *Terre émaillée.*

Cynocéphale, accroupi, tenant son petit sur ses genoux.

Haut^{r}, 0,04.

401. *Terre émaillée,* verte.

Cynocéphale, accroupi, tenant un œil symbolique sur les genoux.

Haut^{r}, 0,03.

402. *Terre émaillée,* verte.

Chatte accroupie.

Long^{r}, 0,06.

403. *Terre émaillée,* verte.

Bélier couché.

Haut^{r}, 0,04.

404. *Terre émaillée*, verte.

Epervier, coiffé des attributs d'Ammon.

Hautr, 0,06.

405. *Terre émaillée*, bleue.

Lièvre couché.

Longr, 0,03.

406. *Terre émaillée*, bleue.

Epervier au repos.

Hautr, 0,04.

407. *Terre émaillée*, verte.

Ibis, oiseau symbolique du dieu Thot, devant une petite statuette accroupie, représentant la déesse de la Justice et de la Vérité.

Longr, 0,05.

408. *Terre émaillée*, verte.

Crocodile rampant sur un petit socle.

Longr, 0,05.

409. *Terre émaillée*, verte.

Très jolie petite figurine, représentant la déesse Neït.

Haut^{r}, 0,08.

410. *Terre émaillée*, verte.

Bout d'enseigne, représentant un veau couché.

Long^{r}, 0,10.

411. *Terre émaillée*, bleue.

Figurine à corps humain et à tête de serpent, représentant le dieu Ka.

Haut^{r}, 0,04.

412. *Terre émaillée*, bleue.

Figurine représentant le dieu Anubis, accroupi.

Haut^{r}, 0,04.

413. *Terre émaillée*, bleue.

Quatre tables d'offrandes superposées, représentant le symbole de la stabilité.

Haut^{r}, 0,11.

414. *Terre émaillée*, bleue.

Sorte d'amulette sculptée à jour, et représentant la tête de la déesse Athor, ornée de deux uræus, supportant les couronnes royales de la Haute et Basse-Egypte.

Haut^{r}, 0,05.
Larg^{r}, 0,05.

415. *Terre émaillée*, bleue.

Petit naos, ou chapelle sculptée à jour, et représentant plusieurs divinités accroupies, dont on ne distingue pas bien les attributs.

Haut^{r}, 0,03.

416. *Terre émaillée*, verte.

Enfant, accroupi.

Haut^{r}, 0,06.

417. *Bois peint.*

Statuette de bois peint en noir, représentant le dieu Horus, debout, enveloppé comme une momie.

Haut^{r}, 0,33.

418. *Bois peint.*

Statuette de bois peint en noir, représentant le dieu Anubis, debout, le pied gauche en avant et les bras collés au corps.

Haut^r, 0,35.

419. *Bois peint.*

Statuette représentant le dieu Anubis, agenouillé; sa coiffure était incrustée de pâtes émaillées, dont il reste encore des traces.

Haut^r, 0,20.

420. *Bois peint.*

Autre statuette semblable à la précédente.

Haut^r, 0,20.

421. *Bois peint en noir.*

Chacal couché.

Animal symbolique du dieu Anubis.

Long^r, 0,45.

422. *Bois peint en noir.*

Autre chacal couché; exécution soignée.

Long^r, 0,50.

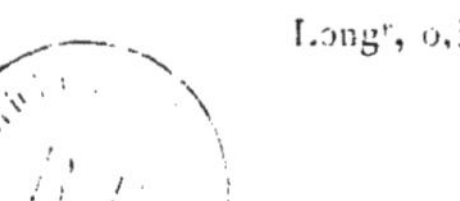

423. *Bois peint en noir.*

Autre chacal couché.

Long^r, 0,40.

424. *Bois peint en noir.*

Uræus dressé devant une statuette accroupie du dieu Horus.

Le reptile sacré porte sur la tête le disque, orné de l'uræus; une partie de son corps est passée dans le symbole des espaces infinis.

Haut^r, 0,13.

425. *Bois doré.*

Statuette représentant le dieu Osiris debout.

Haut^r, 0,10.

426. *Bois peint en noir.*

Statuette d'Osiris, debout.

Haut^r, 0,08.

427. *Bois peint en noir.*

Statuette représentant le dieu Anubis, debout, le pied gauche en avant, et les bras pendants et collés au corps.

Haut^r, 0,08.

428. *Bois peint en noir.*

Statuette représentant la déesse Isis, assise sur un siège, et présentant le sein gauche à son fils Horus qu'elle tient sur les genoux.

Haut^{r}, 0,09.

429. *Bois doré.*

Autre statuette d'Isis, semblable à la précédente.

Haut^{r}, 0,07.

430. *Bois peint en jaune.*

Statuette de chatte, accroupie sur les pattes de derrière.

Haut^{r}, 0,14.

431. *Bois peint en noir.*

Deux autres statuettes de chattes, accroupies.

Haut^{r}, 0,09.
Id. 0,07.

432. *Bois peint en noir.*

Lion, couché, la gueule béante.
Exécution soignée.

Long^{r}, 0,11.

433. *Bois.*

Lion, couché sur le flanc gauche, la gueule béante.

Long^{r}, 0,11.

434. *Bois peint en jaune.*

Epervier, au repos. La tête et le plumage sont peints de différentes couleurs.

Haut^{r}, 0,11.

435. *Bois peint en blanc.*

Epervier au repos.

Haut^{r}, 0,08.

436. *Bois peint en noir.*

Gros scarabée. Travail très fin.

Haut^{r}, 0,11.

437. *Bois peint.*

Uræus à tête humaine.

Haut^{r}, 0,15.

438. *Bois doré.*

Uræus, dressé, la tête ornée d'un disque.

Hautʳ, 0,13.

439. *Bois peint en jaune.*

Autre uræus, dressé, semblable au précédent.

Hautʳ, 0,18.

440. *Bois peint.*

Statuette d'applique, représentant Osiris, debout, vu de profil.

Hautʳ, 0,25.

441. *Bois peint.*

Statuette d'applique, représentant une femme debout, vue de profil, et tenant un œil symbolique sur la tête.

Hautʳ, 0,26.

442. *Ivoire et pâte de verre.*

Yeux humains, avec prunelles en pâte de verre noir, enchâssés dans de l'ivoire, entouré de bronze.

Longʳ, 0,10.

443. *Ivoire et pâte de verre.*

Œil d'animal, obtenu par le procédé indiqué dans le numéro précédent.

Long^{r}, 0,06.

444. *Pierre calcaire.*

Petite stèle, représentant le bœuf Apis, portant le disque solaire entre les cornes.

Deux lignes d'inscription hiératique donnent le nom et les titres de cet animal sacré.

Haut^{r}, 0,14.

445. *Pierre calcaire.*

Stèle représentant Horus enfant, tenant des serpents et marchant sur un crocodile.

Haut^{r}, 0,33.
Larg^{r}, 0,17.

446. *Pierre saponaire.*

Stèle représentant le dieu Horus enfant, marchant sur un crocodile et tenant des serpents entre les mains.

Le jeune dieu nu se tient dans un naos, orné de la tête du dieu Bes; sur le dos de la stèle est une inscription presque entièrement effacée.

Haut^{r}, 0,18.

447-448. *Pierre saponaire.*

Deux autres stèles, entièrement semblables à la précédente.

Haut^{r}, 0,11.
Id. 0,05.

449. *Pierre calcaire.*

Bas-relief représentant le dieu Bes, nu, debout et coiffé d'un bouquet de plumes d'autruche ; il tient un cimeterre, qu'il semble brandir au-dessus de sa tête.

Haut^{r}, 0,29.

450. *Terre émaillée,* verte.

Petite brique, contenant l'inscription suivante : « *Doué de vie éternelle comme le soleil.* »

Haut^{r}, 0,08.
Larg^{r}, 0,07.

451. *Pierre calcaire.*

Stèle en forme de pylône, dans l'intérieur de laquelle on a représenté, sculptés à jour, trois sortes de petits naos, superposés et décorés d'uræus, supportant des disques.

Haut^{r}, 0,43.
Larg^{r}, 0,26.

452. *Basalte.*

Partie d'un moule sur lequel on voit représentées des deux côtés une série de divinités, parmi lesquelles se trouvent Pacht, Ammon, Thot, Phtah, Horus et Bes.

Long^{r}, 0,09.
Larg^{r}, 0,07.

453. *Calcaire.*

Petit cachet, portant, gravée profondément en creux, une divinité (Ka) à corps humain et à tête de serpent, assise et tenant de la main droite la fleur de lotus.

Sous le siège se trouve le symbole de la vie éternelle.

Long^{r}, 0,05.

454. *Calcaire peint en rouge.*

Cynocéphale, accroupi, les mains sur les genoux ; les yeux peints en noir.

Haut^{r}, 0,22.

455. *Granit noir.*

Cynocéphale, accroupi, les mains sur les genoux, et la tête ornée du disque entre les cornes.

Haut^{r}, 0,16.

456. *Calcaire peint en noir.*

Cynocéphale, accroupi, les mains sur les genoux, et le disque sur la tête.

Haut^r, 0,09.

457-458. *Pierre saponaire.*

Deux autres cynocéphales accroupis.

Haut^r, 0,06.
Id., 0,03.

459. *Pierre calcaire peinte en rouge.*

Bœuf Apis,

L'animal sacré est représenté de profil, devant une fleur de lotus; le disque, orné de l'uræus, est entre ses cornes.

Haut^r, 0,26.
Long^r, 0,24.

460. *Calcaire peint en rouge.*

Bœuf Apis.

L'animal sacré est représenté marchant sur un piédestal en terre émaillée verte, à deux rangées de degrés, et portant le disque doré entre les cornes.

Haut^r, 0,16.
Long^r, 0,14.

461. *Albâtre.*

Epervier à tête humaine, représentant le symbole de l'âme; la tête est coiffée d'un disque en bronze, placé entre deux plumes droites, et les pattes de l'oiseau sont en bronze.

Hautr, 0,16.

462. *Grès.*

Hippopotame, marchant à droite.
La tête est admirablement modelée.

Hautr, 0,06.
Longr, 0,09.

463. *Calcaire peint en noir.*

Crocodile, rampant à droite.

Longr, 0,14.

464. *Calcaire peint en jaune.*

Poisson (oxyrhinchus), portant sur le dos le disque entre les cornes.

Longr, 0,11.
Hautr, 0,06.

465-466-467.

Trois petites vitrines, contenant cent quatre-vingt-cinq objets, en terres émaillées, de diverses nuances, représentant des figurines de divinités égyptiennes, des animaux sacrés et différentes amulettes symboliques, d'une bonne époque et en parfait état de conservation.

Antiquités Égyptiennes

MONUMENTS FUNÉRAIRES

468. *Bronze.*

Statuette. Très beau bronze représentant un personnage, debout, le pied gauche en avant; la main droite, tendue et levée à la hauteur du sein, semble tenir un bâton de commandement qui n'existe plus.

La dimension de ce superbe bronze est encore remarquable et l'exécution parfaite; la tête surtout est étonnante de modelé et de vie.

L'attitude du personnage ainsi que sa coiffure à petites tresses rappellent beaucoup la pose et le genre de coiffure des monuments de l'Ancien Empire, mais l'exécution s'en éloigne et ressemble plutôt à celle des monuments de la XVIIIe dynastie.

(Voir l'album, planche 5.)

Haut[r], 0,67.

469. *Pierre calcaire.*

Stèle en forme de porte, gravée au nom d'un certain Ouha qui occupait une haute fonction à la cour du roi Pépi (VIe dynastie).

Hautr, 0,50.
Largr, 0,42.

470. *Pierre calcaire.*

Stèle funéraire en deux registres, représentant un personnage du nom de Sah-nofer-na, en adoration devant la triade Thébaine, le dieu Phtah, de Memphis, le dieu Sebek, à tête de crocodile, le dieu Khnoum et le dieu Set, appelé maître de la ville de Khopesch, probablement un des noms de Tanis.

Monument très intéressant.

Hautr, 0,44.
Largr, 0,28.

471. *Grès.*

Stèle funéraire au nom d'un certain Hart-ha, fils d'un chef de temples ; le défunt est en adoration devant Osiris et Athor.

Hautr, 0,42.
Largr, 0,25.

472. *Pierre calcaire.*

Stèle funéraire, représentant un personnage en adoration devant le dieu Osiris, assis; le défunt était basilicogrammate et secrétaire hiératique du propriétaire du terrain de la ville de Bubaste ; il s'appelait Nes-pa Hor-an ; son père s'appelait Sam-taoui, et avait le même titre que lui.

Haut^r, 0,37.
Larg^r, 0,26.

473. *Pierre calcaire.*

Stèle funéraire en deux registres, représentant le basilicogrammate Ammon-Nekht, en adoration devant le dieu Phtah, de Memphis, le dieu Ammon, de Thèbes, et le dieu Mendès, à tête de bélier.

Haut^r, 0,31.
Larg^r, 0,26.

474. *Pierre calcaire.*

Bas-relief.

Table d'offrandes, contenant la liste des produits à offrir au nom d'un certain Rot, qui avait occupé une haute fonction sous l'Ancien Empire.

Long^r, 0,40.
Haut^r, 0,29.

475. *Pierre calcaire.*

Bas-relief.

Femme assise devant une table d'offrandes, incomplète.

Long^r, 0,43.
Haut^r, 0,35.

476. *Pierre calcaire.*

Incription gravée en deux lignes verticales

Fragment d'un chapitre du Livre des morts.

Hautr, 0,25.
Largr, 0,15.

477. *Pierre calcaire.*

Stèle funéraire en hiératique.

Hautr, 0,14.
Largr, 0,13.

478. *Calcaire blanc*, très fin.

Très beau vase canope.

L'inscription qui se trouve gravée sur sa panse exprime un vœu en faveur d'un nommé Senefrou Khempen, scribe d'un gouverneur, pour qu'il soit vénéré devant le dieu Amset, et ensuite « *placé parmi* « *les étoiles fixes, là où règnent les souffles agréables.* »

Deux voiles enflées et deux arbres baumifères complètent l'ornementation de la panse du vase.

Le couvercle représente une tête humaine imberbe, d'une expression étonnante.

Hautr, 0,35.

479. *Albâtre.*

Vase canope, avec une inscription se rapportant à un certain Pef-Thot Amen et à sa mère Kaa Kap Sat-nit.

Le couvercle représente une tête humaine.

Haut^r, 0,38.

480. *Albâtre.*

Vase canope, avec une inscription se rapportant à un certain Ankh Pikhot, fils d'Her-ha.

Le couvercle représente une tête d'épervier.

Haut^r, 0,48.

481. *Pierre calcaire.*

Petite stèle funéraire, représentant un personnage faisant une offrande à Osiris et Athor.

Le disque ailé plane au-dessus de cette scène, accompagné de deux lignes d'inscription peintes en noir.

Haut^r, 0,10.
Larg^r, 0,06.

482. *Calcaire peint.*

Très belle statuette, représentant un personnage debout, les bras pendants, dans l'attitude des statues de l'Ancien Empire.

Sa tête est étonnante de vie et d'expression, et son cou est orné d'un collier peint de diverses nuances.

Une jupe courte plissée, peinte en jaune et en blanc, est attachée à sa ceinture, et lui couvre les genoux; les autres parties du corps sont nues et peintes en rouge foncé, couleur qui distingue la race égyptienne.

L'exécution de ce beau monument est fort soignée.

Haut^{r}, 0,65.

483. *Calcaire.*

Statuette. Un personnage et sa femme, debout, adossés contre une plinthe, ornée de deux inscriptions verticales incomplètes.

Les têtes et les pieds de ces statues manquent.

Le texte ne cite que le nom du personnage seulement; il s'appelait Hapu-Shera et vivait sous la XXVI dynastie.

Haut^{r}, 0,32.

484. *Basalte noir.*

Statuette représentant un personnage debout, les bras pendants et adossé contre une plinthe.

La tête est très belle, mais les jambes n'existent plus; une ligne d'inscription verticale, qui se trouve sur le devant de sa jupe courte, donne son nom seulement; le reste de l'inscription est brisé.

Haut^{r}, 0,27.

485. *Fragment de statuette en basalte noir.*

Torse de femme.

Le texte, gravé en trois lignes verticales, sur la plinthe contre laquelle est adossée la statuette, est extrêmement intéressant, à cause des notions géographiques qu'il contient, et qui sont en rapport avec le culte de certaines divinités de Saïs.

Haut^{r}, 0,23.

486. *Basalte noir.*

Statuette funéraire, représentant un personnage debout, vêtu de la *schenti*, et tenant serrés contre sa poitrine les symboles de la stabilité et de la vie éternelle.

L'inscription qu'il porte sur sa jupe est tirée du rituel funéraire.

Haut^{r}, 0,20.

487. *Basalte noir.*

Tête et torse d'une statuette représentant un personnage qui occupait une haute fonction à la cour d'un Pharaon, qui n'est pas nommé.

La partie inférieure de la statuette ainsi que le complément de l'inscription n'existent plus.

Haut^{r}, 0,30.

488. *Grès rouge.*

Tête et torse d'une statuette, très finement sculptés. Inscription incomplète.

Haut^r, 0,14.

489. *Pierre saponaire.*

Statuette représentant un personnage accroupi, les bras croisés sur les genoux, et tenant de la main droite le bouton de la fleur de lotus.

Devant lui et entre ses jambes, on voit une petite statuette du dieu Ammon, debout.

Le texte hiéroglyphique gravé sur cette statuette apprend que ce personnage était prêtre d'Ammon.

Haut^r, 0,12.

490. *Basalte noir.*

Statuette funéraire, représentant un personnage debout, enveloppé comme une momie, et tenant, entre ses mains croisées sur la poitrine, une petite pioche, un petit sac et un hoyau.

Une inscription hiéroglyphique, tirée du rituel funéraire, couvre une bonne partie de la statuette.

Haut^r, 0,19.

491. *Pierre calcaire*, blanche.

Fragment de statuette, assise sur un siège, couvert de représentations de divinités et d'animaux sacrés, légèrement gravés en creux.

L'inscription, gravée sur la base du siège, se rapporte à Ammon et à ses titres.

Hautr, 0,11.

492. *Ardoise.*

Fragment d'une table d'offrandes, sur laquelle on voit représentés en creux des vases et des pains sacrés.

Longr, 0,10.
Largr, 0,08.

493. *Basalte*, vert.

Statuette, représentant un personnage debout, vêtu de la *schenti*, et portant sur les mains une petite statuette d'Osiris.

La tête du personnage est charmante de finesse et d'expression.

Hautr, 0,40.

494. *Calcaire peint en jaune.*

Très belle statuette, représentant un personnage

assis, les mains posées sur les genoux; il est vêtu de la *schenti*, et porte l'uræus dressé sur son front.

La tête, admirablement traitée, est très probablement un portrait royal.

Hautr, 0,32.

495. *Basalte*, vert.

Charmante statuette, représentant un personnage agenouillé, les mains posées sur les cuisses; il est vêtu de la *schenti*, et son front est orné de l'uræus.

Exécution soignée et conservation parfaite.

Hautr, 0,30.

496. *Calcaire peint en rouge.*

Statuette. Femme nue, accroupie et tenant entre les jambes une petite statuette représentant le dieu Osiris; sa tête est ornée des attributs de la déesse Athor.

Hautr, 0,24.

497. *Grès rouge.*

Buste d'un personnage.

Le torse est nu, et de longs cheveux lui couvrent les épaules; la tête, admirablement modelée, paraît être un portrait.

Hautr, 0,21.

498. *Grès.*

Tête et buste de femme.

Ce charmant fragment représente une Abyssinienne; de longs cheveux, retenus par un simple bandeau, lui couvrent les épaules et les seins, et encadrent gracieusement sa tête, ravissante de finesse et d'expression.

Haut[r], 0,11.

499. *Marbre.*

Femme accroupie, les mains posées sur les genoux.

Haut[r], 0,08.

500-501. *Albâtre.*

Deux vases canopes, sans inscriptions, avec couvercles à tête humaine et à tête de cynocéphale.

502. *Pierre calcaire peinte en noir.*

Statuette funéraire, debout, enveloppée comme une momie, et sans inscription.

Haut[r], 0,20.

503. *Terre émaillée*, bleue.

Très jolie statuette funéraire, représentant un personnage du nom de Djet-Hor, enveloppé comme une momie et tenant, entre les mains croisées sur sa poitrine, une pioche, un hoyau et un petit sac, contenant les graines des bonnes actions qu'il a récoltées sur la terre et qu'il va semer dans les Champs-Elysées.

L'inscription qui couvre une bonne partie de la statuette est tirée du rituel funéraire.

Exécution admirablement soignée et conservation parfaite.

Haut^{r}, 0,21.

504. *Terre émaillée*, bleue.

Jolie statuette funéraire, représentant un personnage nommé Psammétik.

Le reste de l'inscription est tiré du rituel funéraire, et se rapporte à l'immortalité de l'âme.

Haut^{r}, 0,20.

505-506-507-508. *Terre émaillée*, bleue.

Quatre autres jolies statuettes funéraires, au nom du même personnage Psammétik, qui vivait sous la XXVIe dynastie.

Haut^{r}, 0,20.
Id. , 0,19.
Id. , 0,18.
Id. , 0,18.

509. *Bois peint.*

Statuette funéraire, représentant un personnage debout, enveloppé comme une momie, et ayant les mains croisées sur la poitrine.

La figure est dorée, et la tête est coiffée des attributs d'Ammon.

Hautr, 0,72.

510. *Bois peint.*

Statuette funéraire, représentant un personnage debout, enveloppé comme une momie, et tenant les bras croisés sur la poitrine.

La figure est peinte en vert, et le cou est orné d'un large collier, peint de diverses couleurs, et décoré, à ses extrémités, de deux têtes d'épervier ; le reste du corps est recouvert d'un filet peint en vert et en jaune, et imitant des perles.

La bande verticale d'inscription, qui se trouve sur le devant de la statuette, apprend qu'elle était consacrée à Osiris, en faveur d'un nommé Djes-Ammon, fils de Hor-Meriat.

Hautr, 0,45.

511. *Bois peint.*

Statuette funéraire, représentant une femme vêtue d'une robe collante, peinte en rouge et en jaune ; une ceinture multicolore, qu'elle porte sous les seins, sépare les deux nuances.

Elle est agenouillée et tend la main droite en avant: sa tête est dorée, et son cou est orné d'un large collier peint en rouge et en bleu.

Haut^r, 0,48.

512. *Bois de cèdre.*

Statuette représentant un personnage debout, enveloppé comme une momie.

Haut^r, 0,56.

513. *Bois de cèdre.*

Autre statuette funéraire, semblable à la précédente.

Haut^r, 0,47.

514. *Bois peint en noir.*

Statuette funéraire, représentant un personnage enveloppé comme une momie; il se nommait Ari-Nekht-Kessi.

Haut^r, 0,24.

515. *Bois peint en noir.*

Statuette funéraire, représentant un personnage du nom de Soun-er-Mennu.

Haut^r, 0,22.

516. *Bois peint en jaune.*

Statuette funéraire, représentant un personnage dont le nom est effacé.

Haut^{r}, 0,23.

517. *Bois.*

Statuette funéraire, représentant une femme debout, vêtue d'une jupe courte et collante, et étendant les bras devant elle.

Les deux longues tresses de cheveux qui retombent enroulées sur ses seins, rappellent la coiffure à la mode sous les XVIIIe et XIXe dynasties. La tête est fruste et les pieds manquent.

Haut^{r}, 0,23.

518. *Bois peint.*

Boîte en forme d'obélisque tronqué, contenant la momie d'un oiseau.

Les quatre parois extérieures de la boîte sont décorées de scènes symboliques peintes sur un stuc, appliqué sur le bois.

Un épervier, en haut-relief, se tient perché sur le couvercle.

Haut^{r}, 0,48.

519. *Bois peint.*

Autre boîte en forme d'obélisque tronqué, à peu près semblable à la précédente.

Haut^r, 0,40.

520. *Cartonnage peint et découpé.*

Ornement de momie.

La déesse de la Justice et de la Vérité est agenouillée, étendant les ailes et les bras, et tenant dans les mains les deux plumes d'autruche symboliques.

Haut^r, 0,16.
Larg^r, 0,24.

521. *Cartonnage doré.*

Ornement de momie.

Très belle tête de femme en haut-relief; son cou est orné d'un large collier.

Haut^r, 0,32.

522. *Cartonnage doré.*

Ornement de momie.

Autre tête de femme, moins belle et moins bien conservée que la précédente.

Haut^r, 0,10.

523.

Paire de sandales, en feuilles de papyrus.
Travail remarquable de finesse.

Longr, 0,25.

524. *Bronze.*

Très belle statuette, représentant un personnage debout, le pied gauche en avant et la main droite tendue, pour tenir le bâton du commandement.

La tête, remarquablement belle, est charmante de vie et d'expression ; le corps est admirablement modelé, et les proportions parfaitement observées.

Les yeux étaient incrustés, et la coiffure à petites tresses rappelle tout à fait la coiffure à la mode sous l'Ancien Empire.

(Voir l'album planche 6.)

Hautr, 0,48.

525.

Petite vitrine contenant cent quarante-huit beaux scarabées choisis, de différentes matières et de diverses nuances ; deux chapelets d'amulettes symboliques, en cornaline, et six cylindres babyloniens gravés.

526 à 533.

Huit gros scarabées, avec inscriptions tirées du rituel funéraire « *chapitre du chœur* ».

534-535-536.

Trois autres gros scarabées, sans inscriptions.

537. *Basalte.*

Très joli petit vase à tête d'épervier.

Hautr, 0,10.

538 *Bois.*

Petite cuiller en bois.

Longr, 0,10.

539. *Bois.*

Tête humaine imberbe, provenant d'une boîte de momie.

Hautr, 0,35.

540. *Bronze.*

Miroir.

Diamètre, 0,13.

541-542. *Bronze.*

Deux très jolis petits vases en forme d'oryballes.

Hautr, 0,08.
Id. 0,05.

543. *Bronze.*

Manche de brûle-parfums, orné d'une tête d'épervier.

Longr, 0,15.

544. *Basalte.*

Fragment d'une statuette de femme ; la tête est ornée d'une fleur de lotus, et les cheveux lui tombent sur les seins.

Hautr, 0,17.

545. *Basalte.*

Vase en forme de cuvette.

Diamètre, 0,30.

546-547-548. *Terre émaillée*, bleue.

Pièces d'applique.

Trois gros scarabées ailés.

549. *Terre émaillée*, blanche.

Pièce d'applique.

Tête d'épervier.

Terres émaillées, de différentes nuances.

Imitant des perles, et formant plusieurs colliers à l'usage de l'ornementation des momies.

550. *Bronze.*

Bras humain.

Longr, 0,23.

551.

Longue bande de momie en toile, avec une inscription hiératique, tirée du rituel funéraire.

552. *Albâtre.*

Très joli vase en forme d'alabastron.

553.

Scarabée ailé, et enveloppe de momie en verroterie.

Antiquités Gréco-Romaines

554. *Bronze.*

Statuette.

Isis, debout, s'avançant majestueusement, le pied gauche en avant.

Une robe collante et à larges plis lui tombe sur les pieds, et un manteau plissé lui couvre les épaules.

Sa coiffure se compose de longues tresses, qui lui retombent sur les épaules, et de petites boucles qui ornent son front.

Le vautour, symbole de la maternité, repose sur sa tête, qu'il couvre de ses ailes ; au-dessus de l'oiseau sacré, le disque, orné de l'uræus et de deux plumes droites, est placé entre deux cornes.

Les bras qui devaient s'adapter n'existent plus.

Pièce rare.

Haut^{r}, 0,43.

555. *Bronze.*

Autre statuette d'Isis, identiquement semblable à la précédente.

Hautr, 0,37.

556. *Bronze.*

Autre très jolie statuette d'Isis, semblable aux précédentes comme attitude, vêtements et attributs, mais tenant de la main gauche la fleur de lotus épanouie, sur laquelle est assis le dieu Horus enfant.

Le bras droit manque.

Hautr, 0,27.

557. *Bronze.*

Vénus asiatique nue, debout (statuette).

Elle est coiffée d'un diadème, formé de cinq palmettes, et tient de la main gauche, levée à la hauteur de sa gorge, la fleur de lotus épanouie, sur laquelle apparaît le dieu Horus enfant; sa main droite tient un miroir.

Son cou est orné d'un collier, et ses bras et ses oreilles d'anneaux et de boucles.

Les yeux étaient incrustés d'émail ou de matière précieuse qui a disparu.

L'expression de la tête est gracieuse, mais les formes sont lourdes, et les hanches extrêmement saillantes.

Hautr, 0,32.

558. *Bronze.*

Autre statuette de Vénus asiatique, exactement semblable à la précédente.

Hautr, 0,32.

559. *Bronze.*

Statuette. Vénus asiatique, dans la même attitude et portant la même coiffure que les deux précédentes.

La déesse n'est parée ici d'aucun ornement, et ce qu'elle tenait dans les mains a disparu.

L'exécution est soignée, et l'expression de la physionomie, charmante de grâce et de naïveté.

Hautr, 0,26.

560. *Bronze.*

Statuette. Vénus debout, cachant sa nudité avec la main gauche, et ramenant la droite sur ses seins, qu'elle cache aussi.

Elle est coiffée du diadème à palmettes, mais ne ressemble en rien aux statuettes précédentes, ni comme époque, ni comme exécution.

Le corps est svelte et gracieux, et les dimensions sont assez bien observées.

Les bras paraissent avoir été faits à part, et rapportés ensuite, ainsi que l'indiquent les bourrelets qu'on voit aux biceps.

Hautr, 0,23.

561. *Bronze.*

Vénus de Naucratis (statuette).

Cette ravissante statuette rappelle, comme formes, d'une façon remarquable, le corps élancé et presque sans hanches de la femme fellah de nos jours.

Le corps est parfaitement modelé, et le dos et la chute des reins sont d'une finesse remarquable.

La tête, avec les cheveux relevés et noués au moyen d'un ruban, présente une charmante expression de surprise et d'étonnement.

Cette statuette est encore, à part le mérite artistique qu'elle offre aux amateurs du beau, intéressante au double point de vue historique et mythologique.

Elle est ainsi qu'on le voit, sans bras comme la Vénus de Milo; mais ici les bras ont été omis avec intention, et on voit, en effet, que l'artiste qui l'a produite a laissé deux bourrelets à l'endroit des biceps, pour pouvoir faire adapter les bras qui existent, et qu'on a eu la bonne fortune de retrouver avec la Vénus.

Le bras droit, étendu et éloigné du corps, tient un uræus ayant la tête surmontée du disque; le bras gauche, levé de côté à la hauteur du visage, tient la fleur de lotus, de laquelle sort le dieu Horus enfant, coiffé du disque, et portant le doigt à la bouche.

Ces bras révèlent, à n'en pas douter, l'intention bien arrêtée de l'artiste, la destination de cette Vénus et le rôle qu'elle devait jouer, et il n'est pas du tout impossible qu'elle n'ait été faite et consacrée à la ville de

Naucratis, qu'Amosis avait donnée aux Grecs ; car certaines monnaies frappées dans cette ville à l'époque romaine, montrent parfaitement sur leur revers une Vénus portant identiquement les mêmes symboles que celle qui fait l'objet de la présente description.

Haut^{r}, 0,22.

562. *Bronze.*

Vénus (statuette).

La déesse est représentée debout ; son corps porte sur la jambe droite ; la gauche, légèrement levée, repose sur la pointe du pied.

Elle tient de la main droite, levée à la hauteur de sa gorge, la fleur de lotus épanouie, de laquelle sort le dieu Horus enfant.

Son bras droit est aussi levé à la même hauteur que le bras gauche, et la main paraît tenir un objet qui n'existe plus.

La déesse est coiffée du diadème de Junon, et sa tête fort gracieuse est souriante

Haut^{r}, 0,20.

563. *Bronze.*

Vénus (statuette).

A peu près dans la même attitude que la précédente ; elle porte sur la tête le diadème de Junon, et tient de ses deux mains les tresses de ses cheveux qu'elle paraît tordre.

L'exécution appartient à une assez bonne époque de l'art, et dénote que le souvenir des bonnes traditions n'est pas encore entièrement perdu.

Hautr, 0,19.

564. *Bronze.*

Vénus (statuette).

La déesse est debout, son corps porte sur la jambe droite, tandis que la gauche est légèrement relevée et s'appuie sur l'orteil.

Elle tient de la main droite, levée à la hauteur du visage et de côté, un miroir ; son bras gauche est étendu à une certaine distance, et sa main semble tenir un objet qui n'existe plus.

Ses cheveux, relevés et noués au-dessus du crâne, laissent échapper deux tresses en torsades, qui retombent négligemment sur les épaules.

La pose est gracieuse et pleine d'abandon, et l'exécution dénote une bonne époque de l'art.

Hautr, 0,34.

Antiquités Romaines

BIJOUX

565. *Feuille d'or.*

Masque représentant un visage imberbe.

Hautr, 0,14.

566. *Feuille d'or.*

Diadème, portant au milieu l'empreinte d'une médaille de l'empereur Maximianus.

Longr, 0,28.

567. *Or.*

Bracelet en forme de serpent; la tête et la queue du reptile sont ciselées.

Travail très fin.

BIJOUX

568. *Or.*

Bracelet à fermoir, en spirales.

569. *Or.*

Bracelet en spirales, avec fermoir formé de deux disques.

570. *Or.*

Paire de boucles d'oreilles en spirales, avec boutons à tête de femme.

571. *Or.*

Paire de boucles d'oreilles représentant deux génies ailés supportant deux grenats enchâssés dans des disques.

572. *Or.*

Paire de boucles d'oreilles avec pendeloques en perles, lapis-lazzuli et émeraudes.

573. *Or.*

Boucle d'oreille, avec bouton à tête d'animal chimérique.

BIJOUX

574. *Or.*

Boucle d'oreille, avec bouton à tête de dauphin.

575. *Or.*

Boucle d'oreille simple d'enfant.

576. *Or.*

Statuette représentant Horus enfant, debout, portant l'index de la main droite à la bouche, et tenant une corne d'abondance.

Haut^{r}, 0,03.

577. *Or.*

Amulette, représentant un œil symbolique.

Long^{r}, 0,04.

578. *Or.*

Bague, en forme de pyramide à degrés; sur la surface du dernier degré, on distingue, gravés en creux, un cavalier près d'un cheval.

BIJOUX

579. *Or.*

Bague, avec une pierre gravée représentant un animal dont on ne distingue pas bien la forme.

580. *Or.*

Bague, avec une pierre gravée représentant un personnage assis, coiffé d'un *pileus.*

581. *Or.*

Bague, avec une pierre gravée, représentant le bœuf Apis devant une petite table d'offrandes.

Gravure très fine.

582. *Or.*

Bague, avec une pierre gravée, représentant une tête diadémée.

583. *Or.*

Bague, avec une petite turquoise.

584. *Cornaline.*

Bague, avec un œil symbolique, gravé à la pointe.

585. *Bronze.*

Statuette. Mercure nu ; il repose sur un pied, les bras en l'air, et semble prêt à s'envoler ; sa tête est coiffée du *pétase*, et il a deux petites ailes aux pieds.

Haut^r, 0,16.

586. *Bronze.*

Statuette. Isis romaine, assise, et allaitant son enfant qu'elle tient sur les genoux.

Haut^r, 0,18.

587. *Bronze.*

Statuette. Bacchus nu, assis ; il tient un *rhyton* d'une main, et une grappe de raisin de l'autre.

Haut^r, 0,16.

588. *Bronze.*

Statuette. Mercure nu, debout, coiffé d'un bonnet, et portant des ailes au dos.

Haut^r, 0,16.

589. *Bronze.*

Statuette. Femme, debout, vêtue à la romaine et coiffée du *pileus*, orné du disque entre les deux cornes.

Hautr, 0,15.

590. *Bronze.*

Statuette. Femme, debout, vêtue à la romaine, et présentant une couronne.

Hautr, 0,11.

591. *Bronze.*

Statuette. Personnage debout, coiffé du *modius*, et tenant la corne d'abondance d'une main, et une patère de l'autre.

Hautr, 0,10.

592. *Bronze.*

Statuette. Enfant ailé, assis sur un rocher.

Hautr, 0,08.

593. *Bronze.*

Statuette. Enfant ailé, assis, et tenant une boule de la main gauche.

Hautr, 0,07.

594. *Bronze.*

Statuette. Enfant ailé, assis sur un rocher, et coiffé d'un bonnet conique.

Hautr, 0,08.

595. *Bronze.*

Statuette. Enfant ailé, debout, et tenant une corne de la main droite.

Hautr, 0,06.

596. *Bronze.*

Statuette. Berger, assis sur un rocher.

Hautr, 0,06.

597. *Bronze.*

Statuette. Hercule, debout, s'appuyant sur sa massue.

Hautr, 0.07.

598. *Bronze.*

Statuette. Pygmée nu, debout et étreignant un serpent.

Hautr, 0.07.

599. *Bronze.*

Statuette. Pygmée nu, debout, et portant un sanglier sur son dos.

Haut^{r}, 0,06.

600. *Bronze.*

Statuette. Femme, debout, vêtue d'une longue robe plissée.

Haut^{r}, 0,05.

601. *Bronze.*

Statuette. Personnage nu, se tenant debout sur un seul pied.

Haut^{r}, 0,05.

602. *Bronze.*

Buste d'un personnage, portant la coiffure d'Osiris.

Haut^{r}, 0,05.

603. *Bronze.*

Buste de Jupiter Sérapis.

Haut^{r}, 0,04.

604. *Bronze.*

Statuette. Horus enfant, debout, tenant la corne d'abondance d'une main, et portant à la bouche l'index de l'autre main.

Il a sur la tête la double couronne de la Haute et Basse-Égypte, et son cou est orné d'un collier, auquel est suspendue une amulette.

Hautr, 0,10.

605. *Bronze.*

Statuette semblable à la précédente.

Hautr, 0,09

606. *Bronze.*

Statuette semblable à la précédente.

Hautr, 0,08.

607. *Bronze.*

Statuette semblable à la précédente.

Hautr, 0,07.

608. *Bronze.*

Statuette. Horus enfant, sortant de la fleur de lotus;

il a le disque sur la tête, et porte l'index de la main droite à sa bouche.

Haut^{r}, 0,08.

609. *Bronze.*

Statuette semblable à la précédente.

Haut^{r}, 0,14.

610. *Bronze.*

Statuette. Horus enfant, sortant de la fleur de lotus; il porte la coiffure de la Haute et Basse-Égypte, et tient la corne d'abondance.

Haut^{r}, 0,06.

611. *Bronze.*

Statuette. Enfant, assis, les bras en l'air.

Haut^{r}, 0,05.

612. *Bronze.*

Statuette semblable à la précédente.

Haut^{r}, 0,03.

613. *Bronze.*

Taureau, portant un disque entre les cornes.

Long^{r}, 0,04.

614. *Bronze.*

Petit chat, assis sur les pattes de derrière.

Hautr, 0,03.

615. *Bronze.*

Petit rat.

Longr, 0,03.

616. *Bronze.*

Petit bas-relief, représentant un personnage vêtu à l'égyptienne, et portant la coiffure du dieu Ammon ; il se tient debout et de face entre deux autres personnages, vus de profil, vêtus à la romaine, le front orné de l'uræus et tenant chacun, en main, un sceptre.

Hautr, 0,05.

617. *Bronze.*

Mortier.

Sous le rebord extérieur, décoré de feuilles d'acanthe, on a représenté divers animaux en bas-reliefs.

Hautr, 0,14.
Diamètre, 0,16.

618. *Bronze.*

Enfant nu, debout et portant une outre faisant l'office d'une lampe.

Hautr, 0,14.

619. *Bronze.*

Personnage ithyphallique, accroupi; motif de lampe.

Hautr, 0,10.

620. *Bronze.*

Tête humaine en forme de lampe.

Longr, 0,12.

621. *Bronze.*

Petit vase dans un plat.

Hautr, 0,04.

622. *Bronze.*

Lampe avec une anse verticale, sur laquelle sont représentés un uræus et deux personnages, debout, l'un à côté de l'autre; celui de droite est vêtu à l'égyptienne, et porte sur la tête la double couronne de la Haute et Basse-Égypte; celui de gauche est vêtu à la romaine, et porte sur la tête le disque entre les deux cornes.

Pièce intéressante et rare.

Hautr, 0,33.

623. *Bronze.*

Lampe, avec un couvercle à tête de Méduse, et une anse, représentant un centaure, armé d'une massue.

Hautr, 0,15

624. *Bronze.*

Petit bas-relief, représentant une gargouille et un uræus dressé, avec un disque sur la tête.

Long^{r}, 0,09.

625. *Bronze.*

Sorte de réchaud.

Haut^{r}, 0,20.
Larg^{r}, 0,09.

626. *Bronze.*

Lampe sur un trépied.

Haut^{r}, 0,35.

627. *Bronze.*

Cinq lézards entrelacés.
Travail extrêmement fin.

Long^{r}, 0,15.

628. *Bronze.*

Partie antérieure d'un lion, se terminant en cylindre creux. Ornement d'un meuble.

Long^{r}, 0,21.

629. *Bronze.*

Anse de vase, ornée d'une tête de Méduse.

Long^{r}, 0,17.

630. *Bronze.*

Paire d'anses, ornées de quatre parties antérieures de chevaux.

Long^{r}, 0,19

631. *Bronze.*

Deux pattes d'ibis.

Long^{r}, 0,18.

632. *Bronze.*

Clef, avec manche en bois.
Forme curieuse.

Long^{r}, 0,20.

633. *Bronze.*

Petite coupe avec anse.

Diamètre, 0,10.

MARBRES, PIERRES, TERRES CUITES, ETC.

634. *Calcaire peint.*

Personnage, assis, les mains sur les genoux; il est vêtu de la tunique courte égyptienne.

Hautr, 0.28.

635. *Albâtre.*

Tête barbue de Jupiter Sérapis.

Hautr, 0,15.

636. *Marbre.*

Petit buste de Jupiter Sérapis.

Hautr, 0,13.

637. *Marbre.*

Deux têtes barbues accolées.

Hautr, 0.11.

638. *Marbre.*

Tête de femme.

Haut[r], 0,07.

639. *Marbre.*

Tête de femme.

Haut[r], 0,08.

640. *Marbre.*

Très jolie tête d'enfant.

Haut[r], 0,20.

641. *Calcaire.*

Bras humain, orné d'un bracelet.

Haut[r], 0,30.

642. *Calcaire.*

Main humaine tenant une pomme; le poignet est orné d'un bracelet.

Haut[r], 0,20.

643. *Calcaire.*

Pied humain.

Modèle de sculpteur.

On aperçoit encore sous la plante du pied des divisions marquées à la pointe.

Longr, 0,16.

644. *Calcaire.*

Autre semblable.

Longr, 0,09.

645. *Marbre.*

Bras humain.

Monument votif.

Longr, 0,10.

646. *Marbre.*

Divers petits monuments votifs, disposés sur une planchette.

647. *Marbre.*

Petit vase, orné d'une tête d'enfant, de deux lézards et d'une gargouille, sculptés dans la matière.

Motif de lampe.

Longr, 0,10.

648. *Marbre.*

Charmant petit vase, ayant pour motif deux femmes accroupies, qui tiennent deux têtes humaines, dont une sert de gargouille au vase.

Haut^{r}, 0,08.

649. *Marbre.*

Sphinx, couché sur un petit vase orné de guirlandes. Motif de lampe.

Long^{r}, 0,13.

650. *Calcaire peint en jaune.*

Sphinx, couché.
Les pattes de devant sont brisées.

Long^{r}, 0,10.

651. *Marbre.*

Sphinx, couché.

Long^{r}, 0,07

652. *Marbre.*

Panthère, prête à bondir.

Long^{r}, 0,08.

653. *Calcaire peint en jaune.*

Très joli petit sphinx, couché, la tête ornée de l'uræus.

Long^{r}, 0, 06.

654. *Terre cuite*, rouge.

Veau couché.

Long^{r}, 0,05.

655. *Calcaire.*

Petit bas-relief, représentant un personnage debout, vu de profil, vêtu à l'égyptienne, et coiffé de la double couronne royale de la Haute et Basse-Égypte.

Son cou est orné d'un collier, et il présente, sur la main gauche, une petite statuette de la déesse de la Justice et de la Vérité.

Haut^{r}, 0,17.

656. *Terre cuite*, rouge.

Statuette. Femme nue, debout, les bras collés aux côtés et coiffée du *modius*.

Haut^{r}, 0,27.

657. *Terre cuite.*

Statuette. Femme nue, debout, aux formes extrêmement développées; elle tient deux instruments qu'on ne distingue pas bien.

Son cou est orné d'un collier, et ses bras et ses jambes d'anneaux et de bracelets.

Haut^{r}, 0,15.

658. *Terre cuite.*

Statuette. Pallas, debout, tenant un bouclier et embrassant un trophée.

Haut^{r}, 0,16.

659. *Terre cuite.*

Statuette. Femme nue, debout, jouant du tambourin.

Haut^{r}, 0,10.

660. *Terre cuite.*

Statuette. Femme nue, debout, les bras collés aux côtés.

Haut^{r}, 0,17.

661. *Terre cuite.*

Statuette. Horus enfant, debout, s'appuyant sur une colonnette; il tient la corne d'abondance, et porte sur la tête la double couronne royale de la Haute et Basse-Égypte.

Haut^{r}, 0,23.

662. *Terre cuite.*

Statuette semblable au numéro précédent.

Haut^{r}, 0,20.

663. *Terre cuite.*

Statuette semblable au N° précédent.

Haut^{r}, 0,20.

664. *Terre cuite.*

Statuette. Femme, vêtue à la romaine.

Haut^{r}, 0,14.

665. *Terre cuite.*

Enfant, à cheval, la tête coiffée d'un casque.

Haut^{r}, 0,19.

666. *Terre cuite.*

Statuette. Horus enfant, monté sur une autruche.

Haut^{r}, 0,18.

667. *Terre cuite.*

Enfant nu, présentant une grappe de raisin à un chien.

Haut^{r}, 0,15.

668. *Terre cuite.*

Groupe ithyphallique.

Deux personnages nus, debout.

Haut^{r}, 0,14.

669. *Terre cuite.*

Personnage ithyphallique, accroupi et portant son *phallus* sur la tête.

Haut^{r}, 0,09.

670. *Terre cuite.*

Enfant ailé, debout, portant un trophée.

Haut^{r}, 0,16.

671. *Terre cuite.*

Deux statuettes accolées, représentant le dieu Bes des Égyptiens.

Haut^{r}, 0,10.

672. *Terre cuite.*

Dieu Bes nu, debout, les mains sur les cuisses.

Haut^{r}, 0,15.

673. *Terre cuite.*

Statuette. Femme nue, assise sur une truie.

Haut^{r}, 0,09.

674. *Terre cuite.*

Enfant nu, accroupi, tenant un vase.

Haut^{r}, 0,06.

675. *Terre cuite.*

Enfant, accroupi, touchant d'un instrument à cordes ressemblant à une guitare.

Haut^{r}, 0,05.

676. *Terre cuite.*

Antéfix, à tête humaine barbue.

Haut^{r}, 0,12.

677. *Terre cuite.*

Homme nu, accroupi.

Haut^{r}, 0,06.

678. *Terre cuite.*

Baudet, chargé d'un bât.

Long^{r}, 0,14.

679. *Terre cuite.*

Bélier.

Long^{r}, 0,11.

680. *Terre cuite*, noire.

Femme nue, accroupie.

Haut^{r}, 0,08.

681. *Terre cuite*, rouge.

Buste de femme.

Haut^{r}, 0,09.

682. *Terre cuite.*

Tête de femme.

Haut^{r}, 0,06.

683. *Terre cuite.*

Lampe

Sur le couvercle, deux personnages représentés en bas-reliefs.

Long^{r}, 0,09.

684. *Terre cuite*, noire.

Deux personnages accroupis sur le couvercle.

Long^{r}, 0,08.

685. *Terre cuite*, noire.

Petit vase, avec une tête du dieu Bes sur la panse.

Long^r, 0,07.

686. *Terre cuite*, noire.

Petit vase, auquel on a donné la forme d'un coq.

Long^r, 0,06.

687. *Terre cuite.*

Statuette. Femme, debout, vêtue à la romaine.

Haut^r, 0,05.

688. *Morceau d'ivoire sculpté.*

Bas-relief, représentant un homme nu, debout, tenant un thyrse d'une main, et portant l'autre sur la tête.

Haut^r, 0,10.

689. *Bronze.*

Candélabre, orné à sa base de masques de silènes et de feuilles de vigne, en bas-reliefs; sur sa branche principale, trois personnages armés se tiennent debout.

Haut^r, 0,16.

690. *Bronze.*

Vase, avec anse ornée de deux têtes de Méduse.

Haut^r, 0,12.
Diamètre, 0,17.

691. *Verre.*

Rhyton, représentant deux têtes imberbes accolées.

Hautr, 0,08.

692. *Terre cuite.*

Masque d'acteur, en haut-relief.

Hautr, 0,10.

693. *Terre cuite*, rouge.

Pallas, debout, appuyée contre un trophée, et tenant un bouclier.

Hautr, 0,16.

694. *Terre cuite.*

Tête de femme.

Hautr, 0,06.

Du 695 au 706.

Douze vases et fioles, de différentes dimensions, en verre et en terre cuite.

Supplément.

BRONZES ÉGYPTIENS

707. *Isis* ailée, debout, protégeant deux petites figures de *Bes,* marchant et tenant des instruments de musique ? longue inscription sur la base, pièce très rare.

Haut^r, 0,13.

708. *Beset,* debout.

Haut^r, 0,13.

709. *Horus*, debout, précédé de deux petites figures d'Harpocrate marchant ; pièce très rare.

Haut^r, 0,08.

710. *Horus,* debout, avec la coiffure d'Osiris.

Haut^r, 0,15.

711. *Nafer Tum,* debout.

Haut^r, 0,18.

712. *Secket,* assise, belle et rare pièce, mais les deux bras manquent.

Haut^r, 0,36.

713. *Bes,* debout, un épervier dans la main gauche. Il est placé sur un fût de colonne.

Haut^r, 0,22.

714. *Bes,* debout, sur une antilope tenant un poignard dans la main droite levée.

Haut^r, 0,21.

715. *Bes*, debout, les deux mains placées sur les genoux.

Haut^r, 0,08.

716. *Bes*, debout, jouant de la lyre.

Haut^r, 0,06.

717. *Harpocrate,* assis, sur un fût de colonne.

Haut^r, 0,14.

718. *Cynocéphale*, assis; il manque le bas de la jambe droite, incrustations d'argent, très beau travail d'art.

Haut^r, 0,09

719. Groupe composé d'Osiris, Isis et Horus.

Haut^r, 0,07.

720. Femme nue, debout, avec un collier et des sandales aux pieds. La chevelure composée d'une grande quantité de petites boucles retenues par un bandeau, donne à la figure une expression très agréable. Les traits de la figure sont fins et d'une

exécution remarquable. Les formes du corps sont dans de bonnes proportions, pièce d'époque très ancienne.

Haut^r, 0,10.

721. *Chacal* posé sur un fût de colonne.

Haut^r, 0,12.

722. *Ibis* debout sur une base à deux degrés, sur le premier degré une petite figure en adoration.

Haut^r, 0,11.

723. *Bœuf Apis* debout.

Haut^r, 0,05.

724. Fragment symbolique ou couvercle, avec inscription. De chaque côté un uræus.

Long^r, 0,14.

BRONZES SYRIENS, ROMAINS, ETC.

725. *Vénus,* debout, avec un collier et une couronne découpée.

Haut^r, 0,04.

726. Figure à demi nue et barbue, debout, et dans l'attitude d'un lutteur, la main gauche manque.

Haut^r, 0,12.

727. *Hercule* nu, combattant, époque romaine, les deux bras manquent.

Haut^r, 0,12.

728. *Génie* ailé, debout, sur une base tenant une torche.

Hautr, 0,08.

729. Buste d'un jeune homme, pièce d'un bon style mais usée par le nettoyage.

Hautr, 0,12.

730. Longue tige de bronze, surmontée d'un chien debout.

Hautr, 0,28.

731. Manche de patère richement décoré, il est terminé par une partie antérieure de lion, d'un très bon style.

MARBRES ET AUTRES PIERRES

732. Tête barbue, peut-être Brutus. Marbre.

Hautr, 0,35.

733. *Imhotep*, assis, tenant sur les genoux un papyrus avec inscription, pierre calcaire.

Hautr, 0,50.

734. Grand cachet égyptien, pierre calcaire.

Longr, 0,10.
Largr, 0,05.

735. Petit monument représentant deux figures d'Osiris, assises, basalte.

Hautr, 0,08.

736. *Chat*, assis, pierre verte.

Hautr, 0,09.

BOIS

737. *Isis*, assise, allaitant *Horus*, chat et une autre petite figure, 4 pièces.

Hautr, 0,06.

738. *Ichneumon*, couché, pièce rare.

Longr, 0,11.

739. *Lion* couché.

Longr, 0,08.

TERRES ÉMAILLÉES

740. Un très beau lot de scarabées avec inscriptions, plusieurs de grande dimension.

741. *Ptah*, debout; la figure d'une belle expression.

Hautr, 0, 08

742, Sept autres petites figures du même personnage.

Hautr, 0,04.

743. *Thoueris*, debout, pièce très rare et très belle.

Hautr, 0,08.

744. *Cynocéphale*, assis, 2 pièces.

Hautr, 0,05.
Id. , 0,04.

745. *Bes*, huit belles pièces.

Hautr, 0,03.
Id. , 0,05.

746, *Isis*, assise, 2 pièces.

Hautr, 0,06.

747. Plusieurs très beaux lots de statuettes des divinités égyptiennes. Chaque lot varié.

748. Lot de 15 figures d'animaux tous variés; *lot rare.*

749. *Pylone* avec le *bœuf Apis.* 2 pièces.

750. Lot de 73 petites figures de divinités, etc., lot très varié.

751. Lot de 50 petites figures d'animaux; lot très varié.

752. Lot de trois bagues avec inscriptions et un cachet.

753. Lot de 32 plaques pour ornements de colliers, scarabées, etc.

754. Huit colliers, avec ou sans figures. Ce lot sera divisé.

755. Lot de petites pièces variées, plusieurs très fines.

756. *Bès*, moule en terre cuite. Très rare.

Hautr, 0,05.

757. Cachet égyptien en terre cuite.

Hautr, 0,23.

758. Lot de deux vases grecs en verre et un fragment très bien irisé.

759. Sous ce numéro seront vendus plusieurs lots de statuettes en bronze, pierre, terre, etc.

BIJOUX D'OR

760. Plaque en or repoussé avec neuf figures des divinités de l'Egypte, quatre en buste, cinq en pied, le champ de la plaque est rempli de coquilles de pèlerin (*le pecten*). Pièce très rare et très curieuse du temps de l'empereur Julien II.

Haut^r, 0,06.
Larg^r, 0,04.

761. Autre plaque également en repoussé. *Isis* allaitant *Horus*, travail de la même époque.

Haut^r, 0,03.

761 *bis*. Petite bulle d'or en forme de médaillon avec un buste de femme voilée vue de face.

762. Très grand et beau collier formé de huit plaques triangulaires, ornées de globules d'or et de filigranes formant des trèfles ; ces plaques sont séparées par des perles d'or de forme allongée, au centre se trouve

une grande plaque d'or carrée, présentant la même ornementation, et en outre trois chatons pointus en forme de pyramide; ce bijou qui nous paraît fort ancien est peut-être juif.

763. Très grande et magnifique parure composée d'un collier, d'un bracelet, d'une broche et d'une paire de boucle d'oreilles. Ces bijoux sont formés de scarabées, de figures de divinités, d'animaux, etc., en terre émaillée et en cornaline, enchâssées dans des montures d'or émaillé représentant les principaux motifs de l'art égyptien. Ces bijoux ont été exécutés à Paris, d'après les dessins des savants conservateurs du musée de Boulaq et sont de véritables chefs-d'œuvre d'orfévrerie.

764. Autre parure de même style, composée d'un bracelet, d'une broche et d'une paire de boucles d'oreilles, le tout d'un style plus archaïque que la parure précédente, elle se compose de quatre scarabées enchâssés dans des montures de différents ors rehaussés d'émaux.

NOTA. — Les numéros 137, 146, 198, 199, 634 ont été écartés de la collection comme faux ou suspects. Ils seront vendus à la fin de la vente.

FIN

RF

Pl.

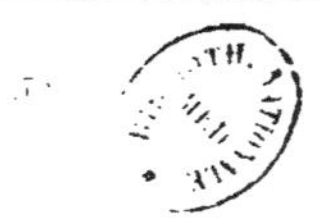

Pl. II

Pl. IV

N° 66

BIBLIOTH. NATIO

PL.V

BIBLIOTH. NAT.

PL. V

N 5**

www.ingramcontent.com/pod-product-compliance
Ingram Content Group UK Ltd.
Pitfield, Milton Keynes, MK11 3LW, UK
UKHW021143260726
13994UKWH00001B/281

9 782329 359465